AF462178

BIBLIOTHÈQUE SPÉCIALE DE LA SOCIÉTÉ
DES
AUTEURS ET COMPOSITEURS DRAMATIQUES

LES

BÊTISES D'HIER

REVUE-VAUDEVILLE

EN DEUX ACTES ET CINQ TABLEAUX, AVEC PROLOGUE

PAR

MM. H. COGNIARD, CLAIRVILLE & SIRAUDIN

Représentée pour la première fois, à Paris,
sur le théâtre des Variétés, le mercredi 14 décembre 1875.

PARIS

E. DENTU, ÉDITEUR

Librairie de la Société des Auteurs et Compositeurs dramatiques

ET DE

la Société des Gens de Lettres.

PALAIS-ROYAL, 17 & 19, GALERIE D'ORLÉANS.

1876

Tous droits réservés.

Yth. 1990

…nouveaux sont de M. BOULARD, chef d'orchestre du théâtre des Variétés.

EN VENTE A LA MÊME LIBRAIRIE

Adélaïde et Vermouth, idylle militaire en un acte, par M. Eugène Verconsin, in-18. 1 »

Adrienne Lecouvreur, comédie-drame en 5 actes, par MM. Scribe et E. Legouvé. Gr. id-8. » 60

L'Affaire de la rue Quincampoix, comédie en un acte, par MM. Dupin et Clairville. 1 »

L'Affaire est arrangée, comédie en un acte de MM. E. Cadol et W. Busnach. 1 »

Nos Alliées, comédie en 3 acte, de P. Moreau 2 »

L'Amour mitoyen, vaudeville en un acte, par M. Jules Renard. 1 »

L'ange de mes rêves, vaudeville en 3 actes, par MM. Varin et Michel Delaporte. 1 »

L'Auteur de la pièce, comédie-vaudeville en un acte, de MM. Varin et Mic. Delaporte. 1 »

L'Automne d'un Farceur, scènes de la vie conjugale, par Ed. Brisebarre et Eugène Nus. 1 »

Autour du Lac, comédie en un acte, par MM. Crisafulli et Jules Prevel. 1 »

L'Avocat des Dames, comédie-vaudeville en un acte, de MM. Rimbaut et R. Deslandes. 1 »

Le Beau Dunois, opéra bouffe en un acte, de MM. Henri Chivot et Alfred Duru. 1 »

La Bergère de la rue Monthabor, comédie-vaudeville en 4 actes, de MM. Eugène Labiche et Delacour. 2 »

Les Bienfaits de Champavert, comédie-vaudeville en un acte, par M. Henri Rochefort. 1 »

La Bonne aux Camélias, vaudeville en un acte, par MM. H. Crémieux et Jaime fils, in-18. 1 »

La Botte d'Asperges, vaudeville en un acte, par MM. Thiéry et Bedeau. 1 »

Le Bouchon de carafe, vaudeville en un acte, de MM. Dupin et Eugène Grangé. 1 »

La Boule de Neige, pièce en trois parties, par Ed. Brisebarre et E. Nus. 1 50

Le Cadeau d'un horloger, vaudeville en un acte, par M. Hippolyte Rimbaut, in-18. » 60

La Cagnotte, comédie-vaudeville en 5 actes, de MM. Eug. Labiche et A. Delacour. 2 »

Les Calicots, vaudeville en 3 actes, par MM. H. Thiéry et Paul Avenel, in-4. » 50

Le Canard à trois becs, opéra-bouffe en 3 actes, paroles de M. J. Moinaux, musique de Jonas, in-18. 1 50

Le Carnaval d'un merle blanc, folie parée et masquée en 3 actes, par MM. Chivot et A. Duru. 2 »

Le Cachemire X-B-T, comédie en un acte, par MM. Eugène Labiche et Eugène Nus, in-18. 1 »

Célimare le Bien-Aimé, comédie-vaudeville en 3 actes, de MM. Labiche et Delacour. 2 »

Les Chambres de Bonnes, vaudeville en 3 actes, par MM. Hippolyte Rimbaut et Raimont Deslandes, in-18. 1 50

La Chasse au Bonheur, comédie en un acte, par M. Adrien Decourcelle. 1 »

Les Chemins de fer, comédie-vaudeville en 5 actes, par MM. Eugène Labiche, Delacour et Adolphe Choler, in-18. 2 »

Les Chevaliers de la Table Ronde, opéra-bouffe en 3 actes, paroles de M. H. Chivot et A. Duru, musique de M. Hervé, in-18. 1 50

Chilpéric, opéra-bouffe en 3 actes, paroles et musique de M. Hervé, in-4. » 50

Cinq cents francs de récompense, vaudeville en un acte, par MM. Siraudin et V. Bernard. 1 »

Le Choix d'un gendre, pochade en un acte, par MM. E. Labiche et Delacour, in-18 1 »

La Chouanne, drame en 5 actes et 10 tableaux, par MM. P. Féval et H. Crisafulli, in-18. 2 »

La Comédie de la vie, scènes parisiennes en 5 actes, par M. Ed. Brisbarre. 1

Le Comité de lecture, comédie en un acte en vers, par M. Léon Bertrand 1

La Commode de Victorine, comédie-va[udeville] en un acte, par MM. E. Labiche et E. M[artin]

Le Comte d'Essex, drame historique en 5 [actes] par M. E. Couturier, in-4.

Les Contributions indirectes, comédie-vaudeville en un acte, par M. Henri Thiéry.

Coppélia, ou la Fille aux yeux d'émail, ballet deux actes, par MM. Ch. Nuitter et Saint-[Léon] in-18.

Le Corricolo, opéra-comique en 3 actes, [paroles] de MM. Eugène Labiche et Michel De[laporte] musique de M. E. Poise, in-18.

Un Coup d'éventail, comédie en un acte [de] MM. C. Nuitter et Louis Dépret, in-18.

Les Couteaux d'or, drame en 5 actes et [ta]bleaux, par M. Ferdinand Dugué, tiré [du ro]man de Paul Féval, in-18.

Les Curiosités de Jeanne, comédie en un [acte] par M. E. Verconsin. 1

La Dame aux giroflées, comédie-vaudeville [en un] acte, par MM. Varin et M. Delaporte.

La Dame au petit chien, comédie-vaudeville [en] un acte, par MM. Labiche et Dumoustier. 1

Une Dame du lac, comédie-vaudeville en un act[e] par M. Adrien Choler. 1

Le Dernier jour de Pompéi, opéra en 4 actes paroles de MM. Nuitter et Beaumont, musique de M. Victorin Joncières, in-18. 1

Le Dernier Couplet, comédie en un acte, [par] M. Albert Wolff. 1

Deucalion et Pyrrha, pastorale mythologique [en] un acte, par MM. Clairville et Guénée. 1

Le Docteur Crispin, opéra-bouffe en 4 actes, paroles de MM. Nuitter et Beaumont, musique des frères L. et F. Ricci, in-18. 1

Le Dossier de Rosafol, comédie-vaudeville en [un] acte, par MM. Labiche et Delacour, in-18. 1

L'Échéance, comédie en un acte, par M. G[eorges] Petit.

Ernest, comédie en un acte, par MM. Cla[irville] et Oct. Gastineau. 1

La Fée aux roses, opéra-comique en 3 acte[s de] MM. Scribe et de Saint-Georges, musique [de] M. Halévy. Gr. in-8.

La Femme du notaire, comédie en un act[e par] M. Eug. Delaporte, in-18. 1

Une Femme qui bat son Gendre, comédie-vaudeville, en un acte, par MM. Warin et M. Delaporte. 1

Une Femme, un Melon et un Horloger, vaudeville en un acte, par MM. Varin et M. Delaporte. 1

Ferblande ou l'Abonné de Montmartre, parodie en un acte, trois tableaux et deux intermèdes, par MM. Clairville, O. Gastineau et W. Busnach. 1

La Fiancée de Corinthe, opéra en un acte, paroles de M. Camille Du Locle, mus. de M. J. Duprato, in-18. 1

Fernandinette, par feu Firmin Diderot. 1

La Fiancée du roi de Garbe, opéra-comique en 3 actes, de MM. Scribe et de Saint-Georges, musique de M. Auber. 2

Le Fifre enchanté, opérette en un acte, paroles de MM. Nuitter et Tréfeu, musique de M. Jacques Offenbach, in-18. 1

Le Fils du Brigadier, opéra-comique en 3 actes paroles de MM. Eugène Labiche et A. [Dela]cour, musique de M. Victor Massé, in-18.

La Fille bien gardée, comédie-vaudeville en [un] acte, de MM. E. Labiche et Marc-Michel.

La Fille de Molière, comédie en un acte, en [vers] par Édouard Fournier.

LES BETISES D'HIER

Yth
1990

LES

BÊTISES D'HIER

REVUE-VAUDEVILLE

EN DEUX ACTES ET CINQ TABLEAUX, AVEC PROLOGUE

PAR

MM. H. COGNIARD, CLAIRVILLE & SIRAUDIN

Représentée pour la première fois, à Paris,
sur le théâtre des Variétés, le mercredi 14 décembre 1875.

BIBLIOTHÈQUE IMPRIMÉS

DÉPÔT LÉGAL
Seine
N° 3
1876

PARIS

E. DENTU, ÉDITEUR

Librairie de la Société des Auteurs et Compositeurs dramatiques

ET DE

la Société des Gens de Lettres.

PALAIS-ROYAL, 17 & 19, GALERIE D'ORLÉANS.

1876

Tous droits réservés.

Les airs nouveaux sont de M. Boulard, chef d'orchestre du théâtre des Variétés.

PERSONNAGES

GUIGNOL	MM.	BERTHELIER.
LA VÉNUS DE GORDES		ALEX. MICHEL.
CARCASSOL		GAUSSENS.
UN JEUNE HOMME, LE PRISONNIER		HAMBURGER.
L'HERZÉGOVIEN		LÉONCE.
ANATOLE		COOPER.
POUPONNARD, DUBOUSCAL		DANIEL BAC.
GEROMÉ, UNE VOIX		GERMAIN.
GNAFRON		BARON.
LAGINGEOLE, UN MONSIEUR DE LA SALLE, V'LAN, ROSSI		BLONDELET.
LORD MAXWELL, PÉRISSOL		DESCHAMPS.
CHALUMET		HAYMÉ.
MATHIEU		DUMAGNY.
ANASTASE, ROBINOT		BOURDEILLE.
UN GARÇON DE CAFÉ		CHAUDESAIGUES.
UNE VOIX		BORDIER.
L'HOMME PROTÉE		SIR JOHN MORRIS.
UNE GRUE, UNE DAME, COLETTE, CAPRICE	MMmes	BERTHE LEGRAND.
LA RENOMMÉE		ANGÈLE.
AMANDA		ALPH. DEMAY.
VIRGINIE		DONVÉ.
PASSE-PARTOUT		ABADIE.
LOLOTTE		LAVIGNE.
UNE PRINCESSE DU SKATINGKINK		GHINASSI.
BEC-DE-GAZ		HEUMANN.
TORTILLETTE, UN GÉNIE BLEU, LA FILLE ANGOT		STELLA.
NOÉMIE, FANTASCA		BILLY.
ARMANDE		KLEIN.
NINICHE, LA REINE INDIGO		ROSE-MARIE.
ALICE DE NEVERS		GEFFROY.
MARIETTE		ESTRADÈRE.
CLORINDE, RAMADOUR		PERA.
JUNIO, UN ARTILLEUR		VALPRÉ.

LES BÊTISES D'HIER

PROLOGUE

Le théâtre représente un café. — Au fond le théâtre du Guignol Lyonnais.

SCÈNE PREMIÈRE

Au lever du rideau, sept ou huit personnages sont devant le théâtre de Guignol, dont le rideau est baissé.

CHOEUR.

La toile! allons la toile,
Ou j'en fais un faux col,
On n'attend pas d'étoile
Au théâtre Guignol!

UN CRIEUR.

Demandez le journal de *la Croix-Rousse*, *le Petit-Lyonnais*, *le journal de Guignol*, *le Canut*. Demandez le *Moniteur de Lyon!*

UN VOYAGEUR, *à un spectateur*.

Pardon, monsieur; c'est bien ici le Guignol Lyonnais?

LE SPECTATEUR.

Oui, monsieur!

LE VOYAGEUR, *prenant place*.

Nous allons voir le célèbre Gnafron, le savetier légendaire.

(*On frappe trois coups, le rideau se lève.*)

LE SPECTATEUR.

A l'instant, car on va lever le rideau.

TOUS.

Ah!

GNAFRON, *paraissant sur le petit théâtre.*

Pauv' aveugle, si vous plaît! Pauv!... (*regardant autour de lui.*) Personne!... pas besoin de m'égosiller... (*Au public:*)

Quand on pense que moi, Gnafron, savetier de mon état, je me suis fait aveugle... et pourquoi?... Parce que j'ai suborné la femme de mon ami Guignol, et que mon ami Guignol me cherche pour me flanquer une pâtée... Je me suis fait aveugle, moi, malin, parce qu'on ne se bat pas avec un particulier qui n'y voit goutte... On vient: ayons l'œil et fermons les yeux. (*Il s'éloigne en murmurant.*) Pauv' aveugle, si vous plaît!

SCÈNE II

GUIGNOL, *avec l'accent lyonnais; il a un bâton à la main.*

Où est-il, le gueux? que je lui cogne le melon, passe mon bâton au travers du corps. Ma Madelon, me la prendre... Je lui aurais pardonné ça... Mais me la renvoyer trois jours après!... Cornes du diable!... (*On entend crier : Pauv' aveugle.*) Cette voix!... Gnafron! C'est le diable qui me l'envoie!...

SCÈNE III

GUIGNOL, GNAFRON.

GNAFRON, *entrant.*

Ayez pitié d'un...

GUIGNOL.

Ah! je te trouve enfin!

GNAFRON.

La charité, mon bon monsieur!..,

GUIGNOL.

Assez! Ne me reconnais-tu pas?...

GNAFRON.

Hélas! je suis aveugle!

GUIGNOL.

Ah! bah! mais tu n'es pas sourd?... Je suis Cuignol; entends-tu?

GNAFRON.

Guignol! mon meilleur ami!... Embrasse-moi!...

GUIGNOL.

Après que je t'aurai cassé les reins!... Ah! tu m'as trompé!...

GNAFRON.

C'est pas moi!... c'est ta femme!...

GUIGNOL.

Nous allons nous battre!...

GNAFRON.

Te battre avec un pauv' aveugle!... toi qui y vois!

GUIGNOL.

Il a raison. Il faut pourtant que je me venge!

GNAFRON.

Pour te prouver ma bonne volonté, je t'offre un moyen chevaleresque de vider notre différend...

GUIGNOL.

Explique-toi!

GNAFRON.

Je n'y vois goutte... Toi, tu vois clair... Si tu veux te laisser bander les yeux, la partie devient égale.

GUIGNOL.

Eh bien! soit!... Bande-moi les yeux. A quoi nous battrons-nous?

GNAFRON.

Au bâton!

GUIGNOL.

Va pour le bâton!... Oh! tu serres trop.

GNAFRON.

C'est pour que tu n'y voie pas là; ça y est. Combien de doigts?

GUIGNOL.

Dix-sept.

GNAFRON.

Il y voit! (*Il serre le mouchoir.*) Là!... maintenant, allons-y!

GUIGNOL.

J'y suis! (*Il fait le moulinet, mais n'attrape rien.*)

GNAFRON.

Soyons généreux! (*Il passe derrière lui et lui applique un énorme coup de bâton sur le derrière de la tête.*

GUIGNOL.

Oïe! Oïe! Oïe!

GNAFRON.

Les hommes sont frères! (*Il le frappe à tour de bras.*)

GUIGNOL.

Ah!

GNAFRON.

Ils se doivent aide et protection. (*Tapant.*) V'lan!

GUIGNOL. *Soulevant son bandeau.*

Ah! le brigand!... il a les yeux ouverts!... Attends!... (*Il le frappe.*) A toi.

GNAFRON.

A toi!...

(*Volées de coups de bâtons réciproques. S'interrompant.*)

Tiens! tu as retiré ton mouchoir!

Comment le sais-tu, puisque tu es aveugle?

GNAFRON.

Je t'expliquerai cela tout à l'heure, chez le marchand de vin, où les hommes sages doivent vider leurs querelles; et si, à l'avenir, ta femme nous trompe, c'est là que nous irons nous consoler.

GUIGNOL.

Tu as raison.

Air nouveau.

La femme a trop d' mobilité.
Ce qui vaut mieux c'est la bouteille.

GNAFRON.

Loin d' nous lasser, plus elle est vieille,
Et plus elle a de volupté !

GUIGNOL.

De vo...

GNAFRON.

De lup.

GUIGNOL.

De té.

GUIGNOL et GNAFRON.

De volupté.

Reprise ensemble.

De vo.
De lup.
Et plus elle a de volupté.

(*Ils sortent bras-dessus, bras-dessous; les spectateurs applaudissent.*)

UN SPECTATEUR.

Ce Gnafron est excellent.

DEUXIÈME SPECTATEUR.

C'est bien l'image de la société.

SCÈNE IV

LES MÊMES, LAGINGEOLE.

LAGINGEOLE, *sortant du Guignol une sébile à la main.*

Messieurs et mesdames, en attendant la jolie pièce qui va suivre, je vais avoir l'honneur de faire le tour de la société. Veuillez, je vous prie, encourager les artistes, s'il vous plaît. (*Il fait le tour de la société, mais à mesure qu'il s'approche d'une personne, elle se lève et sort.*)

Allons, messieurs, encouragez les beaux-arts! (*Trois personnes seules ont donné, tout le monde est sorti.*) Trois sous, la quête, trois sous, et la recette dix-huit, en tout vingt-et-un sous! Dire que dans cette même salle, avec cette même pièce et les mêmes acteurs, j'ai fait jusqu'à des deux cents francs, et que mes acteurs n'en étaient pas plus fiers, ni moi non plus; moi qui, à moi seul, fais les pièces, fais les acteurs, et joue pour eux, car je suis seul, tout seul à partager les bénéfices, mais vingt-et-un sous c'est maigre!

AIR *du Piége.*

J'ai vu s'éloigner tout à coup
Et mon public et mes recettes.
C'est que l'on ne voit plus partout
Que sauteurs et marionnettes.
Les polichinelles du jour,
Les arlequins qui pullulent en France
Sur nous l'emportent tour à tour :
Guignol a trop de concurrence,
Nous avons trop de concurrence!

Mais enfin, je me demande pourquoi cette différence hors de toute proportion de deux cents francs à vingt-et-un sous. (*Ici, le rideau du Guignol se relève, et Guignol, qui se montre, répond :*)

GUIGNOL.

Parce que tu es un imbécile.

LAGINGEOLE.

Hein?... Guignol!...

GUIGNOL.

Oui, moi!

GNAFRON, *reparaissant.*

Et moi, Gnafron.

LAGINGEOLE.

Qui se permet... (*Il passe dans la baraque et revient.*) Comment! personne?

GUIGNOL ET GNAFRON.

Personne!...

LAGINGEOLE.

Mes marionnettes qui parlent toutes seules...!

GUIGNOL.

Oui, et ne demande pas comment ça se fait.

GNAFRON.

Ne le demande jamais !

GUIGNOL.

C'est un mystère !

GNAFRON.

Oui !

GUIGNOL.

Nous parlons pour que tu saches que si tu ne fais plus d'argent, c'est ta faute.

GNAFRON.

C'est ta faute, parce que tu n'es plus dans le mouvement.

GUIGNOL.

Parce que tu joues toujours la même chose.

GNAFRON.

Parce que tu ne fais aucun effort pour retenir ton public.

LAGINGEOLE.

De quoi ?... Je ne fais pas d'effort ?

GUIGNOL.

Non !... tu ne sors pas de la routine !

GNAFRON.

De la rengaine !

GUIGNOL.

Tu es perruque.

GNAFRON.

Et rococo.

LAGINGEOLE.

Mais, saperlipopette !

GUIGNOL.

Nous sommes las de dire toujours la même chose.

GNAFRON.

De nous donner toujours les mêmes coups de bâton.

GUIGNOL.

Nous voulons changer de rôles et changer de pièces.

LAGINGEOLE.

Et où voulez-vous que je trouve du nouveau ?

GUIGNOL.

Ça nous regarde.

GNAFRON.

Nous te demandons un congé d'un mois.

LAGINGEOLE.

Un congé ! pourquoi faire?

GUIGNOL.

Pour aller à la découverte des inventions ; pour étudier les nouvelles mœurs ; pour voir tout ce qui se fait ; pour entendre tout ce qui se dit au dehors.

GNAFRON.

Et pour varier ton répertoire.

LAGINGEOLE.

Vous, des morceaux de bois ?

GNAFRON.

Morceau de bois toi-même !

GUIGNOL.

Oui, la vraie bûche, c'est toi, et la preuve, regarde...

(*Ici le théâtre Guignol se disloque et se métamorphose en un carrosse, dans lequel se pavanent Guignol et Gnafron, de grandeur d'hommes, mais dans les mêmes costumes*).

LAGINGEOLE.

Jour du ciel ! qu'est-ce que je vois là ?

GUIGNOL.

Tes marionnettes, en chair et en os.

LAGINGEOLE.

Mais comment ça peut-il se faire ?

GUIGNOL.

Ne le demande pas.

GNAFRON.

Ne le demande jamais.

GUIGNOL.

C'est un mystère.

LAGINGEOLE.

Un mystère.

GUIGNOL.

Mais dans un mois nous reviendrons.

GNAFRON.

Et nous ferons la fortune de ton théâtre.

AIR : *Bon voyage, cher Dumollet.*

GUIGNOL.

Ce voyage
T'enrichira,
Te sauvera
Peut-être du naufrage.

GNAFRON.

Du voyage,
Après un mois,
Comme autrefois,
Nous reviendrons en bois.

GUIGNOL.

Voilà trente ans qu'en ces lieux où nous sommes,
Nous faisons rire en nous donnant des coups.
Mais j'en suis sûr, nous trouverons des hommes
Plus batailleurs et plus drôles que nous.

ENSEMBLE.

LAGINGEOLE.

Ce voyage
M'enrichira,
Me sauvera
Peut-être du naufrage.
Bon voyage;
Mais dans un mois,
Comme autrefois,
Ne revenez qu'en bois.

GUIGNOL et GNAFRON.

Ce voyage
T'enrichira,

To sauvera
Peut-être du naufrage.
Du voyage,
Après un mois,
Comme autrefois,
Nous reviendrons en bois !

(*Le char emporte Guignol et Gnafron. Lagingeole sort en courant après lui.*)

DEUXIÈME TABLEAU

Le théâtre change et représente un coin de rue, café à droite.

SCÈNE PREMIÈRE

UN PEINTRE, GUIGNOL, GNAFRON. *Ensuite* MATHIEU *et* LOLOTTE, *ensuite* GÉROME, *ensuite* ANASTASE.

CHOEUR.

AIR :

Aller, venir d'un pas agile :
Pour ses plaisirs, pour ses besoins,
Paris est à coup sûr la ville
Où l'on se repose le moins.

LE PEINTRE, *peignant sur la boutique du café.*

Ah ! décidément, en voilà assez, ça m'ennuie. (*Entrant au café.*) Garçon ! un bock normand.

GUIGNOL, *qui vient d'entrer.*

Tiens ! un bock normand.

GNAFRON, *le suivant.*

Ah ! ça, voyons, t'arrêteras-tu ?... Où allons-nous ?

GUIGNOL.

Partout et nulle part !... Nous observons.

GNAFRON.

Moi, je n'observe bien qu'en buvant... Si nous nous mettions là...

GUIGNOL.

Mettons-nous là... Garçon !

LE GARÇON.

Voilà ! voilà...

GUIGNOL.

Deux bocks normands.

GNAFRON.

Des bocks normands... Qu'est-ce que c'est que ça ?...

GUIGNOL.

Je n'en sais rien... C'est pour le savoir que j'en demande...

ANASTASE, *entrant.*

Deux heures, et je ne la vois pas ; elle m'avait pourtant promis... Que vois-je ? Mais oui, c'est elle... avec son père, et il a sa canne. Cachons-nous.

(*Pendant qu'il a parlé, le garçon est entré avec une bouteille et des verres, il débouche le bock normand qui éclate comme un coup de pistolet.*)

GNAFRON.

Ah ! sapristi ! qu'est-ce que c'est que ça ?

LE GARÇON.

Le bock normand.

GUIGNOL.

Normand ?... Il a plutôt l'air champenois.

MATHIEU, *entrant avec Lolotte.*

Non, mademoiselle Lolotte, vous ne l'épouserez pas, et pour vous séparer à jamais de ce monsieur à moustaches, je vous mène de ce pas à Saint-Germain-en-Laye, chez votre tante Tiroussard.

LOLOTTE.

Mais, papa, je l'aime !

UN COCHER, *au dehors.*

Oh ! là, Cocotte !... Oh ! là !

MATHIEU.

Tiens, justement, un cocher ! (*Appelant.*) Hé ! cocher.

LOLOTTE, *apercevant Anastase qui vient de paraître à sa fenêtre et qui lui fait des signes.*

Le voilà. Comment lui faire savoir que je vais à Saint-Germain ?

LE COCHER, *entrant avec le chapeau blanc.*

Vous m'appelez ? bourgeois.

MATHIEU.

Tiens, vous avez un beau chapeau !

LE COCHER.

Le nouveau chapeau blanc, de la compagnie de l'*Urbaine.*

LOLOTTE, *apercevant les couleurs oubliées par le peintre.*

Oh ! quelle idée !

MATHIEU.

Si je vous prenais à l'heure, combien ça serait-il ?

LE COCHER.

Pour aller où ?

MATHIEU.

A Saint-Germain.

LE COCHER.

A Saint-Germain, passé six kilomètres, aller et retour, vingt-cinq francs.

MATHIEU.

Vingt-cinq francs !

LE COCHER.

Sans compter le pourboire.

MATHIEU.

Vous avez donc soif ?

LE COCHER.

Le fouet, ça altère !

GUIGNOL, *montrant Lolotte à Gnafron.*

Oh ! regarde donc.

GNAFRON.

Tiens, tiens, tiens !

MATHIEU.

Voyons si j'ai assez de monnaie.

(*Pendant ce dialogue, on a vu Lolotte prendre le pinceau du peintre et écrire sur le chapeau du cocher.*)

LE COCHER.

Vous savez, si vous n'avez pas de monnaie, on peut en faire.

MATHIEU.

Eh bien ! non ! Décidément je prendrai le chemin de fer. Viens, Lolotte.

BIBLIOTHÈQUE NATIONALE BF IMPRIMÉS

LOLOTTE.

Oui, papa... (*Elle sort en montrant le chapeau à Anastase.*)

ANASTASE, *quittant la fenêtre.*

Qu'a-t-elle pu écrire ?

LE COCHER.

Ah ! là ! là !... En v'là des pannés !... En attendant la pratique, je vais lire le journal.

(*Il déploie le* Rappel *qu'il se met à lire. Scène à régler, pendant qu'Anastase cherche à lire sur le chapeau.*)

GUIGNOL, *voyant Anastase.*

Oh ! je comprends...

GNAFRON.

Je devine.

ANASTASE, *lisant tout haut.*

« Saint-Germain, rue du Pecq, 19. Enlevez-moi. » Ah ! cet autographe... (*Prenant le chapeau.*) Sur mon cœur ! sur mon cœur !...

LE COCHER.

Hein ?... mon chapeau !

ANASTASE, *sortant en courant.*

Il ne me quittera jamais !

LE COCHER, *courant après lui.*

Tonnerre !

SCÈNE II

GUIGNOL, GNAFRON.

GNAFRON, *sortant en riant.*

Ah ! ah ! ah ! ah !

GUIGNOL.

En voilà une scène pour mon théâtre !

AIR : *Les Anguilles.*

Mais si toutes les jeunes filles
Pour écrire comme cela,

En cachette de leurs familles,
Prennent toutes ces chapeaux-là,
Il en est tant, chaque semaine,
Qui manquent à tous leurs devoirs
Qu'hélas ! des cochers de l'Urbaine
Les chapeaux blancs seront tout noirs ;
Bientôt des cochers de l'Urbaine
Les chapeaux blancs seront tout noirs.

VOIX DE FEMME, *au dehors.*

Par ici, par ici, mesdames !

GUIGNOL.

Des voix féminines ! Il doit y avoir quelque chose à prendre !

SCÈNE III

LES MÊMES, ARMANDE, NOÉMIE, CLORINDE, MARIETTE, HORTENSE, NINICHE.

CHŒUR.

AIR : *Entrée du général Boum.*

Si les Anglais,
Avec quelque succès,
Ont nagé de Douvres à Calais,
Imitons-les.
Et, de Douvres à Calais,
Tâchons d'enfoncer les Anglais.

GUIGNOL.

Pardon, pardon, mesdames, où donc allez-vous ainsi?

GNAFRON.

Dans les costumes, sans doute ravissants, que vous dissimulez sous ces manteaux ?

ARMANDE, *ôtant son manteau.*

Nous ne dissimulons rien.

TOUTES, *ôtant leurs manteaux.*

Rien du tout !

GUIGNOL.

Ah! le charmant costume!

GNAFRON.

Je m'attendais à de l'or, à des paillettes... mais je préfère infiniment cela.

NOÉMIE.

Messieurs, ces costumes ne doivent pas vous étonner.

CLORINDE.

Vous voyez en nous les six premières nageuses de toutes les écoles de natation.

MARIETTE.

Et nous sommes humiliées, messieurs.

HORTENSE.

Oui, humiliées et furieuses!

NINICHE.

Mais ça ne se passera pas comme ça...

TOUTES.

Non, non...

GUIGNOL.

De grâce, veuillez nous expliquer...

ARMANDE.

Messieurs, cette année, deux nageurs anglais l'ont emporté sur tous les nageurs connus jusqu'à ce jour.

NOÉMIE.

Et sur toutes les nageuses!..

CLORINDE.

Ils ont nagé de Douvres à Calais.

MARIETTE.

Tantôt faisant leur coupe...

HORTENSE.

Tantôt faisant la planche...

NINICHE.

Et suivis par un brick, qui les accompagnait en voyage.

GNAFRON.

Un brick?

TOUS.

Un brick!

ARMANDE.

Que l'on avait frété exprès pour leur donner à boire, à manger, et pour leur lire le journal pendant la traversée...

GUIGNOL.

Mais à quoi bon ce tour de force?

GNAFRON.

Est-ce que nager de Douvres à Calais est bien nécessaire au bonheur de l'humanité?

NOÉMIE.

Mais certainement, monsieur, c'est une première victoire de l'homme sur le poisson.

CLORINDE.

Et nous ne permettrons certainement pas que les Anglais remportent seuls cette victoire.

MARIETTE.

Ils sont allés de Douvres à Calais.

HORTENSE.

Nous irons de Calais à Douvres.

NINICHE.

Et sans brick.

TOUTES.

Oui, sans brick!

GUIGNOL.

Eh quoi!.. de faibles femmes!

ARMANDE.

Faibles?.. Regardez ces brasl-à, monsieur!

NOÉMIE.

Regardez ces jambes!

GNAFRON.

Ah! pour les jambes, c'est moulé.

CLORINDE.

Il faut voir ça fendre les ondes!

MARIETTE.

Il n'y a pas un homme pour nous égaler!

HORTENSE.

Nos coupes sont plus régulières.

NINICHE.

Et nous faisons la planche bien mieux qu'eux!

ARMANDE.

BARCAROLLE

AIR *à faire.*

Les Anglais
Ont nagé de Douvre à Calais,
Nous irons de Calais à Douvre.

TOUTES.

Les Anglais,
Etc.

En nous portant
Le flot s'entr'ouvre.

NOÉMIE.

Oui, sur les flots faisant la planche,
Nous ne nous fatiguerons pas ;
Et sans même étendre nos bras
Toutes nous passerons la Manche.

CLORINDE.

Nous n'en ferons pas un trafic
Mais aux yeux d'un nombreux public
Nous voulons, sans le moindre brick,
Faire preuve du plus grand chic !

TOUTES ET TOUS.

Les Anglais
Ont nagé de Douvre à Calais.
Nous irons / Vous irez } de Calais à Douvre.
En { nous / vous } portant
Le flot s'entr'ouvre.

GUIGNOL.

Amoureusement.

MARIETTE.

Voyageant au sein des tempêtes
Et par tous les temps les plus gris,
Sans compter cell's de nos maris,
Que nous allons piquer de têtes!

HORTENSE.

Sans bagages nous partirons.
Pendant deux jours nous nagerons,
Et ce temps, nous le passerons
En ne vivant que de poissons.

TOUTES ET TOUS.

Les Anglais,
Etc.

Seconde reprise. (Elles sortent.)

GNAFRON.

Eh! tant pis, je les suis... je vais faire aussi la planche. (*Il sort.*)

GUIGNOL, *courant après lui.*

Eh bien! Gnafron... veux-tu rester, Gnafron! Gnafron! (*Il disparaît.*)

SCÈNE IV

AMANDA, UN GARÇON.

AMANDA, *entrant et regardant autour d'elle.*

Comment! il n'est pas là! (*Appelant.*) Joseph! Joseph!..

LE GARÇON.

Tiens!.. c'est vous?

AMANDA.

Vous n'avez pas vu monsieur Anatole?

LE GARÇON.

Non, mademoiselle.

AMANDA.

Il n'a rien fait dire?

LE GARÇON.

Rien, mademoiselle.

AMANDA.

En v'là une forte!... Et les courses qui commencent à trois heures!... Il est deux heures 1/2, et le break...

LE GARÇON.

Le break, je ne l'ai pas vu, et il n'a rien fait dire non plus.

AMANDA.

Je vous parle de la voiture, crétin!

LE GARÇON.

Mademoiselle croit parler à monsieur Anatole. (Tenez, justement le voici... Mademoiselle pourra placer son mot.

AMANDA.

C'est bon, filez!

(*Le garçon sort.*)

SCÈNE V

AMANDA, ANATOLE, *en gommeux.*

ANATOLE, *tombant, accablé, sur une chaise.*

Ouf!... je n'en puis plus!

AMANDA.

Ah! vous voilà enfin!.. Ce n'est pas malheureux!

ANATOLE.

Amanda, un bock, ou j'expire.

AMANDA.

Non, tu sais, je ne la trouve pas drôle!... On ne me fait pas attendre, moi!... Je n'aime pas à droguer; j'ai cela de commun avec Louis XIV.

ANATOLE.

Amanda, ne m'accable pas... il nous arrive un grand malheur!...

AMANDA.

Ton oncle est mort?... Tu es déshérité?

ANATOLE.

Amanda, tu vas me perdre!...Amanda, je vais te perdre!... Amanda, nous sommes perdus!

AMANDA.

Voyons, arrive tout de suite au dénouement; moi, pas comprendre.

ANATOLE.

Toi, pas comprendre que moi, réserviste, et que voici l'ordre de me rendre dare-dare en Bourgogne. C'est une séparation de vingt-huit jours !... Vingt-huit siècles!... J'étais dans le régiment des amours... demain je serai dans le 113e de ligne... je te quitte pour une carabine!... Tu perds Totole... je perds Manda. Comprends-tu? Qu'est-ce que je vais faire de mes jours maintenant? Et de mes nuits?... Et toi?

AMANDA.

Voyons, voyons Anatole... sois homme!

ANATOLE.

Je serais homme si tu n'étais pas femme. Pendant ces vingt-huit jours-là, qu'est-ce qui va se passer?

AMANDA.

Qu'est-ce que tu veux qu'il se passe? Voyons, sois tranquille, mon petit Totole... je souffrirai, mais j'aurai la force de t'attendre. Seulement tu me donneras de quoi me distraire... j'en aurai besoin, loin de toi!

ANATOLE.

Tu m'écriras tout ce que tu feras; tout!

AMANDA.

Oui, tout!

ANATOLE.

Ne va pas trop aux Folies-Bergère.

AMANDA.

Je te le promets.

ANATOLE.

Méfie-toi de Coquardeau; je sais qu'il a des idées.

AMANDA.

N'aie donc pas peur!.. Mais tu me donneras une petite croix en diamants, que j'embrasserai tous les soirs, pour qu'il ne t'arrive pas malheur pendant les exercices à feu!

ANATOLE.

Bon petit cœur, va!

AMANDA.

Tu me donneras aussi un bracelet en turquoises, ça porte bonheur à ceux qu'on aime.

ANATOLE.

Je te donnerai tout ce que tu voudras, et mon régiment avec, si ça te fait plaisir... (*Regardant sa montre.*) Deux heures et demie. (*Allant chercher son chapeau qui est sur le guéridon.*) Et on me vaccine à trois heures!...

AMANDA.

Comment, on te vaccine?...

ANATOLE.

Oui, c'est par là que commence l'état militaire.

AMANDA, *riant.*

Ah! ah! ah!

ANATOLE.

Amanda!... le vaccin n'a rien de comique!

AMANDA.

Ne te fâche pas, mon pauvre chat... Ah! dis donc, tu sais que c'est mon terme demain?

ANATOLE, *lui tendant la main pleine d'or et d'argent.*

Tiens! prends...

AMANDA, *puisant dans sa main.*

Vingt-cinq louis pour mon propriétaire, et puis j'ai à payer mes bottines vertes, et puis...

ANATOLE.

Ne prends pas tout!

AMANDA.

Tu n'as besoin de rien, toi... Tu es nourri par le gouvernement.

ANATOLE, *retirant sa main.*

Assez. Laisse-moi quelque chose pour mon tabac.

AMANDA.

Ah! j'aurai tant besoin de consolations!

ANATOLE.

Et moi donc!

AMANDA.

AIR: *Je vais revoir ma Normandie.*

N' fais pas la cour aux cantinières.

ANATOLE.

Méfie-toi bien de Coquardeau.

AMANDA.

N' va pas t'exposer dans des guerres.

ANATOLE.

N' t'expose pas à Valentino.

AMANDA.

N' fais pas de connaissance nouvelle.

ANATOLE.

Ni toi non plus en m'attendant.

AMANDA.

Mange toujours à la gamelle,

ANATOLE.

Refuse, le soir, de souper chez Brébant.

ENSEMBLE.

Ah! de grâce, sois-moi fidèle
Vingt-huit jours, oui, vingt-huit jours seulement!

(*Après ce couplet on entend un son de trompette.*)

ANATOLE.

AIR : *de la casquette du père Bugeaud.*

Entends-tu
La trompette, la trompette,
L'entends-tu?
Je compte sur ta vertu.

AMANDA.

Il faut obéir au devoir!

ANATOLE.

Oui, plus rien ne m'arrête;
Mais, tant que tu pourras me voir,
Agite ton mouchoir.

ENSEMBLE.

AMANDA.

L'entends-tu
La trompette, la trompette,
L'entends-tu?
Va, compte sur ma vertu!

ANATOLE.

Entends-tu
La trompette, la trompette,
L'entends-tu ?
Je compte sur ta vertu.

(*Ils sortent.*)

SCÈNE VI

GUIGNOL, *puis* VIRGINIE.

GUIGNOL, *entrant.*

Tiens, me voilà revenu sur mes pas ; et ce Gnafron qui m'échappe, où diable est-il passé ?

VIRGINIE, *allant à Guignol.*

Pardon, monsieur, savez-vous à quelle heure part le chemin de fer?

GUIGNOL.

Quel chemin de fer?

VIRGINIE.

Ah! vous ne savez pas, pardon.

GUIGNOL.

Mais, si fait, attendez donc, je vous demande quel chemin de fer vous désirez prendre.

VIRGINIE.

Oh ! ça m'est égal, tous les chemins de fer me sont bons.

GUIGNOL.

Tous?

VIRGINIE.

Oui.

GUIGNOL.

Cependant vous désirez aller quelque part!

VIRGINIE.

Non, monsieur, je n'ai nulle part à aller.

GUIGNOL.

Alors je ne peux pas vous indiquer le chemin de fer qui y mène.

VIRGINIE.

Mon Dieu, monsieur, vous avez l'air bien bon, bien honnête, et si j'osais...

GUIGNOL.

Comment donc ! mais osez.

VIRGINIE.

Je suis de la province, et toute nouvelle dans un magasin de modes, et dame, on me trouve un peu simple, un peu naïve, les demoiselles du magasin disent même un peu bébête.

GUIGNOL.

Ah ! par exemple !

VIRGINIE.

Eh bien ! voilà le conseil qu'elles m'ont donné, elles m'ont dit : Nini (je m'appelle Virginie, mais au magasin on m'appelle Nini...) Nini, si tu veux te faire 25,000 livres de rentes, tu n'as qu'à voyager en chemin de fer.

GUIGNOL.

Ah ! par exemple !

VIRGINIE.

Moi, ça m'a étonnée, et comme on se moque souvent de moi, j'ai cru que c'était une nouvelle farce ; mais pas du tout, elles sont allées chercher de grands journaux, des sérieux, de ceux qui ne se trompent jamais.

GUIGNOL.

Vous en connaissez ?

VIRGINIE.

Oui, le *Figaro*.

GUIGNOL.

Ah !... très bien !

VIRGINIE.

Eh, bien ! monsieur, c'était vrai ; elles m'ont lu l'histoire d'une dame anglaise qui cette année a gagné quatre mille livres sterlings en voyageant de Londres à Douvres.

GUIGNOL.

Quatre mille livres sterlings !

VIRGINIE.

Cent mille francs, à c'qu'on dit.

GUIGNOL.

Mais, comment ça?

VIRGINIE.

Oh! bien facilement.

Rondeau.

A la station, on guette
Un monsieur seul en wagon ;
Et dans ce wagon, seulette,
On se jette sans façon.
Lorsque retentit la cloche
On part sans s'effaroucher,
Puis, si le monsieur s'approche,
On le laisse s'approcher.
S'il parle même, on l'écoute
Et de même on lui répond.
Il s'émancipe sans doute,
Mais qu'il s'émancipe ou non,
A la station première
Feignant un soudain effroi,
Vous courez à la portière,
En criant: Ciel! sauvez-moi!
Le monsieur, qui perd la tête,
Sur vous porte alors la main,
Et, lorsque le train s'arrête,
On l'arrête avec le train.
Chez le juge de service
Où tous deux vous arrivez,
C'est en demandant justice
Qu'en pleurant vous le suivez.
Et là, dame, il a beau dire :
Sans hésiter un moment
D'avoir voulu vous séduire
Vous l'accusez carrément.
Voilà, sans jamais mal faire
Et sans même avoir d'amants,
Voilà comme en Angleterre
On gagne cent mille francs.

GUIGNOL.

Oui, mademoiselle, oui, c'est très-vrai ; en Angleterre, il y a des exemples de cette juridiction, mais en France, où les alderman sont remplacés par des commissaires de police, ça se passe autrement. On vous demanderait pourquoi vous n'êtes pas dans le wagon des dames, on rirait du malheur qui vous serait arrivé par votre faute, et si quelqu'un était puni, ce serait peut-être encore vous.

VIRGINIE.

Là, voyez-vous ça ! J'étais bien sûre que c'était encore une mauvaise farce de ces demoiselles.

Chant.

Je vois que j'aurai beau faire,
Il me faut, je l'comprends,
Chercher d'une autre manière
A gagner cent mille francs.

(*Elle sort.*)

GUIGNOL.

Tiens, tiens, tiens ! mais pas si bête la p'tite. C'est moi qui ai été bête, j'aurais dû la conduire au chemin de fer, et me laisser arrêter après... oh !... oh !... voilà qui me paraît valoir mieux.

(*Ici l'on voit entrer une femme ayant une toilette tapageuse ; cette dame, qui porte sous le bras un rouleau noir duquel passe de la musique, se promène très-agitée et de long en large.*)

SCÈNE VII.

GUIGNOL, ARAMINTHE.

GUIGNOL, *la suivant.*

Qu'a-t-elle donc ?... Une serviette artistique, de la musique... c'est une actrice ou une élève du Conservatoire... (*S'arrangeant pour se trouver devant elle.*) Madame !

ARAMINTHE.

Oh!...

GUIGNOL.

Pardon, pardon, madame m'excusera si je la dérange, mais madame a l'air si agitée!

ARAMINTHE.

Ah! oui, que je suis agitée. Figurez-vous, mon petit, que je débutais hier dans une revue de fin d'année. Je jouais l'oseille, ce devait être un rôle d'un effet sûr, l'auteur m'avait dit : Je compte sur vous pour mon rôle d'oseille, et il m'avait fait entrer en chantant:

Je suis l'oseille,
C'est une plante sans pareille.

Eh bien! monsieur, je n'avais pas terminé le second vers que tout le monde sifflait dans la salle... était-ce moi?... était-ce l'oseille?.. On ne pouvait pas savoir, n'est-ce pas?... Je ne suis pas chanteuse, non. Je ne dis pas que je sois chanteuse, mais j'ai de la diction. Je suis étonnante en récitant les vers d'Alfred de Musset.

GUIGNOL.

Ah! vous récitez?

ARAMINTHE.

Et comprenez-vous l'auteur qui m'appelle grue? Je ne savais pas ce que ça voulait dire, on me l'a expliqué : la grue c'est un oiseau que les directeurs ont l'habitude de demander au jardin d'acclimatation pour les revues de fin d'année; mais je ne suis pas un oiseau, moi.

GUIGNOL.

Certainement non, et j'ai même un engagement à vous proposer pour mon théâtre.

ARAMINTHE.

Vous avez un théâtre?

GUIGNOL.

Mais je voudrais entendre l'air que vous avez chanté hier.

ARAMINTHE.

Je ne suis pas chanteuse, non, mais j'ai un petit filet de voix qui a du charme. Tenez.

Air *à faire.*

Je suis l'oseille :
C'est une plante sans pareille
Que tout le monde appréciera.
Je suis l'oseille,
Il ne fut jamais de merveille
Plus sûre que n'est celle-là.

GUIGNOL, *à part.*

Pourquoi prend-elle ce ton-là ?

ARAMINTHE.

Je suis l'oseille.

GUIGNOL.

C'est parfait.

ARAMINTHE.

Vous savez, je ne suis pas chanteuse.

GUIGNOL.

Non, mais vous avez une manière à vous qui n'est pas commune, et je vous engage pour le théâtre de Guignol. Voilà ma carte.

ARAMINTHE.

Merci, monsieur, j' vais aller trouver mon directeur et je lui dirai que je le lâche et qu'il cherche une autre oseille... Votre servante, monsieur. (*Elle sort.*)

GUIGNOL, *seul.*

Elle a de la mise, je lui ferai donner des petits bancs... (*Cris dans la coulisse à la manière des clowns.*) Oh ! oh ! qu'est-ce que c'est que cela ? (*Regardant à droite.*) Oh ! qu'ils sont gentils !

SCÈNE VIII

GUIGNOL, PASSE-PARTOUT, BEC-DE-GAZ, TORTILLETTE.

Air : *Nous venons du fin fond de la Perse.* (*Roi Carotte.*)

Nous venons du fond de la Bohême,
Apportant notre nouveau système;
De Paris nous voulons le baptême,

Nous voulons notre place au soleil!
Il faut voir et lire notre affiche:
En plaisirs notre spectacle est riche,
Rien de faux chez nous, rien de postiche;
On n'a jamais vu rien de pareil!

GUIGNOL.

Charmants costumes qui nous représentent?

BEC-DE-GAZ.

Passe-Partout, Tortillette et Bec-de-Gaz.

TORTILLETTE.

Les trois nouveaux clowns du nouveau cirque.

GUIGNOL.

Un nouveau cirque, encore!... mais, sapristi, nous en avons déjà quatre.

BEC-DE-GAZ.

Erreur!... vous n'en avez pas, monsieur.

GUIGNOL.

Permettez! nous avons d'abord le cirque d'hiver et le cirque d'été.

TORTILLETTE.

Avec quatre clowns et quatre éléphants.

PASSE-PARTOUT.

C'est une vieille rengaine, ne parlons pas de ça!

GUIGNOL.

Nous avons ensuite le cirque Fernando.

BEC-DE-GAZ.

Le cirque des chiens, où l'on attrape des puces... Passons!...

GUIGNOL.

Et l'on termine le grand cirque américain...

TORTILLETTE.

Toujours avec clowns et éléphants! misère!

PASSE-PARTOUT.

Notre cirque, à nous, c'est le cirque des femmes!

BEC-DE-GAZ.

Le cirque américain annonce deux cents sujets, nous aurons trois cents sujettes, pas un seul homme... Les clowns, vous le voyez, nous en avons cinquante taillés sur ce modèle-là; nos contrôleurs seront des contrôleuses, nos écuyers des écuyères, nos sauteurs des sauteuses, partout des femmes, sans lesquelles rien de beau, sans lesquelles un cirque n'est qu'une écurie ou un chenil.

AIR :

PASSE-PARTOUT.

Dans la piste, dans l'arène,
Les hommes sont superflus.
Place à la femme, elle est reine !
Des hommes, il n'en faut plus !

TORTILLETTE.

Loin d'avancer, on retourne
Vers le passé, vers le vieux.
Oui, depuis vingt ans l'on tourne
Dans un cirque vicieux.

BEC-DE-GAZ.

Ce qu'il faut, c'est du prodige
Et, la chambrière en main,
Nous voulons à la voltige
Ouvrir un nouveau chemin.

PASSE-PARTOUT.

Fi de vos clowns à l'anglaise !
Avec nos jarrets de fer
Quand nous ferons le trapèze,
Tous les nez seront en l'air.

TORTILLETTE.

Un hercule ennuie, assomme,
Nous éclipsons leurs travaux ;
Aisément j'enlève un homme,
Pesâ t-il deux cents kilos.

BEC-DE-GAZ.

L'homme disloqué nous choque,
De lui nous nous détournons ;
Quand la femme se disloque,
Tous les morceaux en sont bons.

TOUS.

REPRISE.

Dans la piste, dans l'arène,
Les hommes sont superflus.
Place à la femme, elle est reine!
Des hommes, il n'en faut plus !

GUIGNOL.

Vous avez beau dire, il est des exercices dont l'homme seul a le privilége.

PASSE-PARTOUT.

Lesquels?

GUIGNOL.

Par exemple, l'exercice de ce gymnaste qui sort d'un canon pour monter sur son trapèze.

TORTILLETTE.

Un jeu d'enfant.

(Ici six artilleurs femmes entrent, traînant une pièce de canon énorme.)

AIR : *Chœur des artilleurs.*

Nous sommes les petits artilleurs,
Moyens artilleurs
Et grands artilleurs.
C'est ici, ce n'est pas ailleurs,
Qu'on trouve les vrais artilleurs ;
Jamais on n'en vit de meilleurs,
Et surtout de plus séducteurs.

(2 *fois.*)

GUIGNOL.

Nom d'une bombe !... vous allez vous mettre là-dedans?

BEC-DE-GAZ.

Oui, monsieur... on va me placer dans ce canon, me bourrer, me lancer dans l'espace et je retomberai dans les bras du plus galant de la société.

GUIGNOL.

Et je n'ai pas ma lorgnette.

BEC-DE-GAZ.

Artilleurs, hissez-moi !

PREMIER ARTILLEUR.

Attention à la manœuvre...

DEUXIÈME ARTILLEUR.

Et de la précision dans le mouvement.

TROISIÈME ARTILLEUR.

Au troisième coup... une, deux, trois.

(*Les artilleurs ont pris Bec-de-Gaz et la font entrer dans le canon.*)

GUIGNOL.

Voilà une femme qui a du zinc !

BEC-DE-GAZ, *à mi-corps dans le canon.*

AIR : *Veuve du Malabar.*

Voyez, messieurs, voyez l'objet.
Mettez la poudre
Comme la foudre ; (*bis.*)
Je vais partir... Voyez l'effet !
Voici l' canon, (*bis.*)
(*Se montrant.*)
Et le boulet.

GUIGNOL.

Voilà un boulet qui ne serait pas désagréable à recevoir en pleine poitrine.

QUATRIÈME ARTILLEUR.

Voyons, de quel côté allons-nous braquer la pièce ?

GUIGNOL.

Sur moi, braquez sur moi !

CINQUIÈME ARTILLEUR.

Non, ici ; nous n'avons pas assez de place.

SIXIÈME ARTILLEUR.

Il faut remonter.

(*On voit la main de Bec-de-Gaz sortir de la pièce.*)

PREMIER ARTILLEUR.

Nous y voilà. (*Allant se placer dans le haut à gauche.*) Amenez ici.

LES ARTILLEURS.

A la manœuvre ! (*Elles remontent le canon où se trouve Bec-de-Gaz et la bouche est braquée sur l'avant-scène de droite.*)

GUIGNOL.

J'ai des émotions.

PREMIER ARTILLEUR.

Artilleurs, pointez !...

BEC-DE-GAZ, *se faisant entendre encore dans le canon.*

Un peu à gauche... Bien...

L'ARTILLEUR.

Attention, en joue... feu !

(*Ici, Bec-de-Gaz paraît dans une avant-scène du théâtre.*)

GNAFRON, *dans l'avant-scène.*

Oh !

GUIGNOL.

C'est abracadabrant !

BEC-DE-GAZ.

Je ne vous ai pas fait mal, monsieur ?

GNAFRON.

Au contraire !... c'est un velours.

GUIGNOL.

Mais c'est Gnafron.

GNAFRON.

Bonjour, mon ami... va, continue, tu me fais plaisir.

GUIGNOL.

Veux-tu bien vite venir me rejoindre

BEC-DE-GAZ.

Attendez, je vais vous le ramener, mais avant, qu'en dites-vous ?

GUIGNOL.

C'est renversant !

BEC-DE-GAZ.

Et ce n'est rien encore ! (*Au public.*) Après le cirque américain, le cirque des femmes... On y fera ce qui se fait partout, ce qui ne se fait nulle part, car les femmes sont capables de tout !

PASSE-PARTOUT.

Allez la musique !

(*Forte à l'orchestre. Les cinq clowns sortent en emportant la pièce de canon. Bec-de-Gaz et Gnafron sortent de la loge.*)

GUIGNOL.

Voilà certes une trouvaille pour nous ; la femme-canon, ou le canon des dames, quel titre !

SCÈNE IX

LES MÊMES, PATINEUSES.

VOIX, *au dehors.*

Ohé !... les princesses du *Skating-rinck*, Ohé !

GUIGNOL.

Les princesses du... Ah ! oui, ce nouvel établissement où l'on patine en été.

LA PATINEUSE *entre en patinant.*

Brrr... Glissez
Avec adresse,
Glissez sans cesse.
Brrr...
Recommencez !

I

Sans trop d'audace,
Sur la glace
On patine sans s'arrêter.
Mais, soyons franches,
Sur les planches
Où rien ne peut vous préserver
On tombe, et sans se relever.
Brrr... Glissez !

II

Lorsque nos belles
Demoiselles
Pourront glisser, même au printemps,
Que de culbutes,
Que de chutes !
Car les chemins plus ravissants
Sont, au printemps, bien plus glissants.
Brrr... Glissez !

SCÈNE X

GUIGNOL, GNAFRON.

GNAFRON, *entrant.*

Ah ! me voilà de retour.

GUIGNOL.

Gnafron !... Nom d'un pétard, comme tu es beau !

AIR *connu.*

C'est vingt-neuf francs (*ter*) cinquante ;
Pour qu'ça soit bien cousu,
Il faut donner dix francs de plus :
C'est trente-neuf francs (*ter*) cinquante.
Voulez-vous de l'Elbeuf
Qui reste longtemps neuf,
C'est cent-neuf francs (*ter*) cinquante !

SCÈNE XI

LES MÊMES, L'HERZÉGOVIEN.

GUIGNOL, *apercevant l'Herzégovien.*

Ah ! voilà un monsieur encore mieux habillé que toi... Monsieur est étranger ?

L'HERZÉGOVIEN.

Herzégovien, monsieur.

GUIGNOL.

Herzégovien... ah ! monsieur, la question de l'Herzégovine est une grave question...

L'HERZÉGOVIEN.

Vous croyez ?

GUIGNOL.

Je me le suis laissé dire ; mais c'est un peu embrouillé, si monsieur daignait élucider.

GNAFRON.

Oui, élucidez, monsieur.

L'HERZÉGOVIEN.

J'veux bien... Vous allez comprendre tout de suite... L'Herzégovine touche au Monténégro, c'est-à-dire qu'elle n'y touche pas. Mais... le Monténégro se trouve à la gauche... et la Croatie turque est à droite...

GNAFRON.

Bon.

L'HERZÉGOVIEN.

Nous avons un peu plus loin une autre Croatie... mais elle est autrichienne... Je n'en parle pas.

GUIGNOL.

Non !

GNAFRON.

C'est assez d'une Croatie...

L'HERZÉGOVIEN.

Et vous avez même derrière vous la Bosnie.

GNAFRON.

Ah ! j'ai derrière moi la Bos...

L'HERZÉGOVIEN.

La Bosnie, la Roumanie, la Serbie et l'Esclavonie !

GUIGNOL.

Parfait !

GNAFRON.

Eh bien !

L'HERZÉGOVIEN.

Eh bien !... ça s'est gâté. Les uns disaient oui, les autres disaient non, et l'on est arrivé à se flanquer des calottes et à se les flanquer dans l'Herzégovine. Si bien que moi qui suis d'un naturel paisible, je me suis dit :

AIR : *Quand j'étais roi de Béotie.* (*Orphée.*)

L'Herzégovine est ma patrie,
Mais on se chamaille chez moi ;
Dans la Bosnie et la Serbie
On crie, on veut je ne sais quoi.
Moi j'exècre la zizanie,
La politique et ses excès ;
Pour trouver la bonne harmonie
Je viens chez toi, peuple français.

GUIGNOL, *parlé.*

Ah bien ! vous tombez bien !

L'HERZÉGOVIEN.

Oui, je viens dans votre patrie
Pour trouver la bonne harmonie,
Je cherche la bonne harmonie !

Parlé. Et puis j'avais aussi un autre motif en me rendant ici.

GUIGNOL.

Et lequel, ô charmant Serbe ?

L'HERZÉGOVIEN.

Là-bas j'aimais en Croatie
Une Croate aux grands yeux bleus.
Pour son cousin de Moldavie
Elle m'a trompé, c'est affreux !
Je cherche une femme divine
Qui ne se fiche pas de moi ;
Pour trouver cette perle fine,
Peuple Français, je viens chez toi.

GUIGNOL.

Vous ne pouviez mieux vous adresser.

L'HERZÉGOVIEN.

Je cherche une femme divine,
Et c'est ici que j'imagine
La rencontrer, ma perle fine.

GUIGNOL.

Mon cher Herzégovien, si vous avez pris un billet aller et retour, je vous engage à regagner votre pays.

L'HERZÉGOVIEN.

Pourquoi cela?

GUIGNOL.

Parce que vous courez après des merles blancs.

Air *de la Fille Angot.*

Pour trouver femme brune ou blonde,
Parfaite et fidèle en amour,
Faites, mon cher, le tour du monde
Ça se fait en quatre-vingts jours.
Pour trouver un peuple prospère,
Votant pour l'ordre et pour la paix,
Fouillez tous les coins de la terre,
Et vous en serez pour vos frais.

Partout même effet, partout même cause,
C'est la même chose, (*bis.*)
Et ce qu'on fait en Orient
On le refait en Occident.

L'HERZÉGOVIEN.

Taratata !... Vous croyez que je suis embarrassé? pas du tout... Si je ne trouve pas ce que je cherche en France, je sais bien où j'irai.

GUIGNOL ET GNAFRON.

Où donc?

L'HERZÉGOVIEN.

En Espagne !

GUIGNOL ET GNAFRON.

Ah ! oui !...

GUIGNOL.

Voilà une idée !

GNAFRON.

A la bonne heure !

L'HERZÉGOVIEN.

REPRISE.

Pour trouver fidèle compagne
Il n'est que l'Espagne. (*bis.*)

Là, je me rends soudainement
Pour y vivre tranquillement.

(Bruit au dehors.)

GUIGNOL.

Hein?... Qu'est-ce que cela?

GNAFRON.

Ah! caramba!... La superbe femme?

GUIGNOL.

Mais ça n'est pas une femme!

GNAFRON.

Dame! ça en a l'air!

GUIGNOL.

Nous allons bien voir!

SCÈNE XII

LES MÊMES, LA RENOMMÉE.

Costume allégorique.

AIR

Place, place!
Que je passe.
Le monde entier subit ma loi.
A sa gloire
Nul ne peut croire,
Si sa gloire
Ne vient de moi.

GUIGNOL.

Pardon, madame, dois-je
Demander votre nom?

LA RENOMMÉE.

Eh! mais ici, que vois-je?...
C'est Guignol et Gnafron!

GNAFRON.

Ah! mon âme est charmée!

GUIGNOL.

Quoi, nous nous connaissons?...

LA RENOMMÉE.

Je suis la Renommée!
Et j'ai fait vos deux noms.

GUIGNOL ET GNAFRON, *parlé*.

La Renommée!

LA RENOMMÉE.

Place! place, etc.

GNAFRON.

Oh! que nous avions besoin de nous rencontrer!

LA RENOMMÉE.

Je sais cela; je vous ai un peu négligés dans ces derniers temps, mais aussi c'est votre faute; vous en êtes encore aux coups de bâton lorsque moi j'en suis aux centenaires.

GUIGNOL ET GNAFRON.

Aux centenaires!...

LA RENOMMÉE.

Mon Dieu, oui! la pauvre Renommée ne trouvant sur sa route que des hommes politiques, des banquiers, des journalistes qui se chargent de dire d'eux-mêmes le plus de bien possible, la pauvre Renommée, dis-je, se voit réduite à ne plus parler que des gloires du passé, et c'est ce qui m'a fait inventer les centenaires.

GUIGNOL.

Mais qu'est-ce que les centenaires?

LA RENOMMÉE.

A tous les grands hommes morts depuis cent ans et plus, je fais ériger une statue, et leur ville natale chante leurs louanges au son de mes trompettes.

GNAFRON.

C'est magnifique, et voilà des statues que je voudrais bien voir.

LA RENOMMÉE.

Tu peux les voir; rien de plus facile.

AIR : *Vaudeville du mercier.*

De ces noms légendaires
Je possède un assortiment;

Puissent mes centenaires
Vivre éternellement.

ENSEMBLE.

De ces noms légendaires
Nous allons voir l'assortiment;
Puissent ses centenaires
Vivre éternellement.

LA RENOMMÉE.

Je veux qu'on chante la louange
De tout génie universel.
Voici le divin Michel-Ange
(*Ici paraît la statue de Michel-Ange.*)
Qui naquit, par un don du Ciel,
Et sculpteur et peintre immortel.
Et de même j'honore
Un bien plus moderne talent;
Prosternez-vous encore,
Voilà Chateaubriand.
(*La statue de Chateaubriand paraît.*)

GUIGNOL ET GNAFRON.

Quand de même elle honore
Un bien plus moderne talent,
Prosternons-nous encore :
Voilà Chateaubriand.

LA RENOMMÉE.

En dehors de la politique,
Cherchant le génie en tout lieu;
De la bonne et franche musique
J'ai voulu proclamer le Dieu,
Et je vous montre Boieldieu.
(*Paraît à droite la statue de Boieldieu.*)

ENSEMBLE.

Oui, nous rendons hommage,
A ce grand nom connu de tous,
Et devant son image;
Français, inclinons-nous.

LA RENOMMÉE.

J'ai même acclamé sur la terre
Un nom qui semblera nouveau,
Voici mon dernier centenaire.

(Ici paraît une statue de Laferrière dans la Vénus de Gordes.)

A RENOMMÉE, *s'interrompant et s'adressant aux hommes de dessous.*

Eh bien ! qu'est-ce que vous faites donc ?

GUIGNOL.

Mais ça n'est pas ça !

GNAFRON.

Vous vous trompez !

LA RENOMMÉE.

Vous confondez avec la Vénus de Gordes.

GUIGNOL.

C'est pour le deuxième acte.

GNAFRON.

Chargez... *(La statue disparaît et celle de Christafor paraît à droite.)*

LA RENOMMÉE.

A la bonne heure !

[RECOMMENÇANT.

J'ai même acclamé sur la terre
Un nom qui semblera nouveau ;
Voici mon dernier centenaire ·
Christafori, le maestro
Et l'inventeur du piano.

GUIGNOL, *parlé.*

Du piano ! ·

GNAFRON.

Du piano ! Vous élevez une statue à cet ennemi de notre repos ?

LA RENOMMÉE.

Un grand homme.

GNAFRON.

Certes, je l'honore,
Mais je me sauve promptement,
Car il pourrait encore
Jouer de son instrument.

LA RENOMMÉE.

Voyez comme on l'honore :
Chacun se sauve promptement,
Craignant d'entendre encóre
Chanter son instrument.

GUIGNOL ET GNAFRON.

Certes que je l'honore,
Mais je me sauve promptement,
Car il pourrait encore
Jouer de son instrument.

(*Les personnages sortent. Les statues disparaissent et le théâtre change.*)

TROISIÈME TABLEAU

SCÈNE DANS LA SALLE

Pendant que se fait ce changement, une dame entre à l'orchestre et gagne sa place qui doit se trouver très en vue. Cela doit se faire le plus inaperçu possible. Cette dame, dont la toilette doit être très-excentrique, doit surtout porter un chapeau très-haut de forme.

SCÈNE PREMIÈRE

GUIGNOL, *seul, ensuite* MADAME POUPONNARD.

GUIGNOL.

Où diable est encore passé Gnafron ?... Je le cherche depuis une heure, j'ai vu dans tous les cabarets, et nulle part...

MADAME POUPONNARD, *traînant une voiture de bébé.*

Dodo ! l'enfant do !
L'enfant dormira tantôt.

GUIGNOL.

Tiens ! une nourrice !

MADAME POUPONNARD.

Oui, monsieur, et une nourrice de la pouponnière encore.

GUIGNOL.

La pouponnière !

MADAME POUPONNARD.

La pouponnière pour les poupons.

GUIGNOL.

Connais pas !

MADAME POUPONNARD.

Eh bien ! monsieur, voilà ce que c'est : on vient d'ouvrir un vaste établissement où toutes les mères de famille pourront faire allaiter leurs enfants ; l'allaitage est garanti... et les nourrices aussi ; elles ne fréquenteront plus que des médecins. De plus il y a des surveillants et des biberons perfectionnés comme les nourrices.

GUIGNOL.

Ah ! les nourrices seront...

MADAME POUPONNARD.

Perfectionnées comme les biberons.

GUIGNOL.

C'est superbe !... Et sans doute l'établissement est déjà rempli de nourrissons ?

MADAME POUPONNARD.

Oh ! non, monsieur, il n'y en a encore qu'un.

GUIGNOL.

Qu'un seul !

MADAME POUPONNARD.

Mais voyez plutôt... il est superbe. (*Elle découvre le berceau.*) Faites une risette au monsieur.

GUIGNOL.

Oh ! c'est prodigieux !

MADAME POUPONNARD.

N'est-ce pas, monsieur, qu'il est magnifique ?

GUIGNOL.

C'est un phénomène.

MADAME POUPONNARD.

Ça n'est pas étonnant, il a cent trente-cinq nourrices, quatre mille biberons et quatorze médecins.

GUIGNOL.

Quatorze médecins !... ah ! le pauvre enfant !

(*Pendant cette scène, un monsieur placé derrière la dame qui vient d'entrer à l'orchestre a fait tout son possible pour voir sur le théâtre ; n'y parvenant pas, il remet son chapeau.*)

VOIX AU PARTERRE.

A bas le chapeau.

AUTRE VOIX.

Oui, à bas, à bas le chapeau.

LE MONSIEUR.

De quoi ? c'est à moi ?

LES VOIX.

Oui, oui, chapeau bas !

LE MONSIEUR.

J'ôterai mon chapeau quand madame ôtera le sien !

LA DAME.

Moi? monsieur. Vous voulez que j'ôte mon chapeau?

LE MONSIEUR.

Madame, depuis que vous êtes entrée, je n'aperçois absolument que le derrière de votre coiffure. Certainement, tout d'abord cela m'a réjoui. Je ne pouvais m'empêcher de me dire: Mon Dieu!... quel drôle de chapeau!... Comment donc les dames font-elles pour faire tenir un chignon sur leur tête, un chapeau sur leur chignon et un jardin sur leur chapeau? Mais à la longue j'ai fini par comprendre que payer huit francs en location, le plaisir de contempler cette architecture, c'était peut-être un peu cher.

LA DAME.

Monsieur, journellement je vais à l'orchestre du Gymnase, du Vaudeville, de tous les théâtres, et les messieurs qui jusqu'à présent se sont trouvés derrière moi ne s'en sont jamais plaint.

LE MONSIEUR.

Sans doute, ces messieurs aiment voir des chapeaux; mais madame doit comprendre qu'on ne vient pas au théâtre uniquement pour ça, et que du moment que les hommes se découvrent les dames devraient se découvrir aussi.

LA DAME.

Monsieur, vous êtes un polisson !

LE MONSIEUR.

Mais, madame, c'est une provocation?..

LA DAME.

Non, monsieur. Ma position ici ne saurait me le permettre...

LE MONSIEUR.

Votre position?...

LA DAME.

Je n'y suis pas pour mon plaisir. Je remplis un devoir: je suis médecin du théâtre.

LE MONSIEUR.

Médecin ?

LA DAME.

Oui, monsieur, reçue docteur à la faculté.

UN JEUNE HOMME, *se levant quelques fauteuils plus loin.*

Comment? une femme-docteur !... C'est donc vrai ce que me disait mon journal?

LA DAME.

Eh! pourquoi non? Assurément, c'est vrai. Cette année plusieurs dames très-instruites ont obtenu des diplômes de docteur, et je suis une de ces dames... J'ai passé des examens qui ont prouvé que j'en savais autant, et plus peut-être qu'il n'en faut savoir. Rien ne m'est inconnu... et j'ai même des moyens de guérir à moi particuliers que la femme seule peut appliquer à la science. Et pourquoi si la femme a la science, n'en aurait-elle pas les priviléges?... Pourquoi ne seraient-elles pas tout ce que sont les hommes?...

PREMIER MONSIEUR.

Parce que les hommes sont pompiers... maçons, forts de la halle et porteurs d'eau, et qu'une faible femme...

LA DAME.

Faible!... Eh! monsieur, les femmes sont plus fortes que vous; elles ont plus de courage, plus de dévouement, et de tout temps elles ont été pour vous des médecins donnés par le mariage.

PREMIER MONSIEUR.

Des médecins!

LA DAME.

Les médecins des âmes; pour exercer légalement il fallait à la femme un diplôme, elle vient de l'obtenir, c'est justice.

LE JEUNE HOMME.

Oui, c'est justice, et moi, j'ai confiance... Madame, j'aurais grand besoin de vos soins.

LA DAME.

Quelle est votre maladie... monsieur?

LE JEUNE HOMME.

J'ai le cœur trop développé.

LA DAME.

C'est de l'hypertrophie.

LE JEUNE HOMME.

Oui, madame, un rien le fait battre ; un rien le fait palpiter ; en ce moment, il me gêne beaucoup ; je cherchais un docteur, et si madame consentait à m'entreprendre...

LA DAME.

Volontiers, monsieur, c'est mon devoir. Voyons la langue.

UNE VOIX DANS LE HAUT.

Je m'y oppose!

LE JEUNE HOMME.

Qui dit cela?

LA DAME.

Ne faites pas attention, c'est mon mari...

LA VOIX.

Je m'y oppose !

LA DAME.

Vous n'en avez pas le droit!... J'ai mon diplôme. (*Au public.*) Veuillez, je vous prie, faire passer ma carte... Consultations de deux à quatre.

LE JEUNE HOMME.

J'y serai.

LA VOIX.

Je m'y oppose!

GUIGNOL, *reparaissant sur le théâtre.*

Pardon, messieurs... le médecin de service est-il dans la salle?...

LA DAME.

Me voilà.

GUIGNOL.

Mademoiselle Constance, qui avait beaucoup d'emprunt turc, en apprenant que ses rentes ne seraient plus payées que moitié argent et moitié papier, vient de se trouver mal. Hâtez-vous, je vous prie, de lui porter vos soins.

LA DAME.

J'y vole. (*En sortant.*) Le temps de prendre ma trousse.

LE JEUNE HOMME, *sortant.*

Je vous suis.

LA VOIX.

Je m'y oppose!

PREMIER MONSIEUR.

Moitié papier... mais j'en ai, moi, de l'emprunt turc!... (*Sortant.*) Et je vais m'évanouir aussi... madame!... madame!... je m'évanouis, commencez par moi!...

GUIGNOL, *au public.*

Messieurs, nous avons été interrompus au moment où mademoiselle Constance... La scène qu'elle devait jouer étant la plus importante, la plus spirituelle, la meilleure de cette revue, dont vous prive ce soir l'emprunt turc (ce n'est pas la seule chose dont il nous aura privés), nous sommes obligés de passer au tableau suivant.

LA VOIX.

Je m'y oppose!

GUIGNOL.

Ça m'est égal! (*Sortant.*) Au changement!...

QUATRIÈME TABLEAU

Le théâtre représente un camp. Tous les réservistes sont en scène, moins Anatole; les uns fourbissent leurs armes, les autres jouent, épluchent des légumes, dorment, etc.

SCÈNE PREMIÈRE

CARCASSOL, ROBINOT, CHALUMET, RÉSERVISTES

CHŒUR.

AIR : *Fanfare en chasse.*

Passons vingt-huit jours
A faire
L'état militaire
Passons vingt-huit jours
Au bruit des clairons, des tambours.

CARCASSOL, *ratissant.*

On sait nous dresser
A ratisser
Même des bottes
De carottes ;
Nous partons guerriers
Et nous revenons cuisiniers.

TOUS.

Passons vingt-huit jours
Etc.

ROBINOT, *entrant.*

Ouf ! j'en peux plus, satané caporal, il est infatigable.

CARCASSOL, *épluchant ses carottes.*

Le caporal Anatole.

ROBINOT.

A la grande manœuvre, il paraît que j'avais laissé à désirer sous le rapport des exercices, et voilà trois heures qu'il me tient.

CHALUMET, *couché par terre.*

En voilà un qui m'a trompé ! vous rappelez-vous les premiers jours de son arrivée au régiment ?

CARCASSOL.

Un imbécile.

ROBINOT.

Un fainéant.

CARCASSOL.

C'était à qui se moquerait de lui !

CHALUMET.

Eh bien ! qu'on aille s'y frotter maintenant.

CARCASSOL.

C'est comme moi quand j'étais premier clerc dans l'étude de Mᵉ Ravinard et que je recevais des marquis et des comtesses. Si quelqu'un m'avait dit un jour : Tu ratisseras des carottes, et tu ne les mangeras qu'après les avoir ratissées ; je me serais écrié : Plutôt ne plus manger de carottes. Eh bien ! je m'y fais, je m'y fais même très-bien.

CHALUMET.

Eh bien ! et moi donc, quand je pense que le Directeur de l'Ambigu attend depuis vingt-deux jours le 4ᵉ acte des *Egorgeurs de la Vallée maudite.* Voilà un Directeur qui doit maudire la loi militaire.

ANATOLE, *en dehors.*

Par file à gauche, gauche.

ROBINOT.

Le caporal !

CHALUMET, *se levant.*

Ah ! saperlotte !

CARCASSOL.

Ratissons ! ratissons !

ROBINOT.

Ah ! sapristi ! mon sabre qui n'est pas astiqué.

SCÈNE III

LES MÊMES, ANATOLE, HUIT RÉSERVISTES. UN CLAIRON.

Le son d'un clairon se fait entendre, et on le voit descendre d'un talus au fond, suivi d'Anatole et de huit réservistes.

ANATOLE, *arrivé en scène.*

Halte ! front ! rompez les rangs.

TOUS.

Vivat !

UN DES RÉSERVISTES *qui viennent d'entrer.*

Ouf !... je suis brisé.

ANATOLE.

De quoi, fatigués pour cinq ou six petites heures de manœuvres !

LE RÉSERVISTE.

C'est pas tant les manœuvres, c'est ce polisson de soleil qui nous dardait sur la coupole.

ANATOLE.

Qu'est-ce que tu dirais donc s'il nous fallait refaire la campagne des Pyramides ? Ah ! tiens, vois-tu, depuis que je suis réserviste et que je lis l'histoire de mon pays...

ROBINOT, *astiquant son sabre.*

Moi, c'est pas l'histoire de mon pays qui m'charme, c'est d'avoir quitté mon épouse.

(*On rit.*)

ANATOLE.

Bah ! est-ce que t'avais à t'en plaindre ?

ROBINOT.

Dam ! oui et non... Oh ! c'est pas c'que tu supposes.

Premier couplet.

AIR : *J'lui coup'rai la gueule à quinze pas.*

J'ai pour femme un ang', mais que d'fichus moments,
Pour quelques moments agréables !
J'ai mêm' deux enfants,
Mais deux vrais garnements
Qui m'font donner à tous les diables !

J'les adore, mais j'voudrais toujours,
Et seul'ment afin de passer vingt-huit jours,
Loin d'ma femme et d'mes enfants
Tous les ans avoir vingt-sept ans.

ANATOLE, *parlé.*

Farceur de Robinot, va.

Deuxième couplet.

J'comprends que l'Français aime l'son des tambours,
Et tous les ans pour te distraire,
Loin de tes amours
Tu pass'rais vingt-huit jours
Dans le service militaire,
T'aurais peut-être plus d'agrément ;
Mais si pour passer ce temps au régiment,
T'avais tous les ans vingt-sept ans,
T'aurais moins d'femme et plus d'enfants.

(Ici on entend un appel de clairon.)

CARCASSOL.

Ah ! l'appel à la cantine ! heureusement j'ai terminé.

TOUS.

Reprise du choeur.

Passons vingt-huit jours,
Etc.

ANATOLE, *laissant partir tout le monde.*

Eh bien ! non, je ne déjeunerai pas que je n'aie appris cette satanée théorie. (*Tirant un petit livre de son habit.*) C'est qu'il n'y a pas à plaisanter ; demain le colonel passe la revue et comme il est question de me faire sergent... (*Voyant entrer Amanda.*) Tiens ! une jeunesse au camp.

SCÈNE III.

ANATOLE, AMANDA.

AMANDA, *l'apercevant.*

Un soldat, voilà mon affaire ; pardon, militaire...

ANATOLE, *la reconnaissant.*

Ah !

AMANDA, *idem.*

Ah ! (*Lui sautant au cou*) Mais embrasse-moi donc, monstre ! (*Elle l'embrasse.*) Ah ! si tu savais comme je suis heureuse de te revoir !

ANATOLE.

Vrai ! tu es aussi heureuse que ça ?...

AMANDA.

C'est toi que je cherchais. ..

ANATOLE.

Parole d'honneur !

AMANDA, *avec affectation.*

Ah ! mon ami ! si tu savais comme j'ai été malheureuse... comme j'ai souffert de ton absence...

ANATOLE, *l'imitant.*

Ça se voit, je te trouve engraissée !

AMANDA.

Ah ! par exemple ! Le lendemain du jour où tu es parti, je me suis dit : plus de soupers ! plus de Mabile ! plus de baccarat ! Non, il n'en faut pas !

ANATOLE.

Tu as raison, il n'en faut plus ! (*A part.*) Et dire que j'ai cru à tout ça...

AMANDA.

Mais comme tu es beau comme ça ! Avant de rentrer dans le civil, tu me feras faire ta photographie, pour mettre dans mon album.

ANATOLE.

Est-ce qu'il y a encore de la place ?

AMANDA.

Que t'es bête !.. Voyons, ne plaisante pas... Tu sais bien, Blackman ?

ANATOLE.

Le vieux brocanteur ? Oui.

AMANDA.

J'ai été obligée de recourir à lui...

ANATOLE.

Pauvre chatte !

AMANDA.

Tu sais quel vieil usurier ça fait?

ANATOLE.

Parbleu !

AMANDA.

Il a exigé que je remisse entre ses mains tout ce que je possédais !

ANATOLE.

Ce n'est pas désagréable à avoir entre les mains...

AMANDA.

Ne plaisante donc pas, tu m'agaces ! Et aujourd'hui il ne veut plus rien me prêter dessus.

ANATOLE.

Je comprends ça... Pauvre ange !... et alors...

AMANDA.

Alors je me suis dit : Je vais aller trouver Totole.

ANATOLE.

Allons donc !

AMANDA, *minaudant.*

Et le petit Totole viendra en aide à sa petite Dada, n'es ce pas, chéri ?

ANATOLE, *l'interrompant.*

Tu sais, Amanda, il ne faut plus me la faire !

AMANDA.

Hein ?

AIR : *Il ne faut plus renouveler.*

ANATOLE.

Un mois sous un drapeau,
Vois comme
Ça change un homme ;
Un mois sous un drapeau,
Et tout homme change de peau.

I.

Sans doute, je crois que tu m'aimes
Et j't'aim' toujours assurément ;
Mais nous voulons, au régiment,

Etre aimés pour nous-mêmes.
Un mois sous un drapeau,
Etc.

II.

Tu peux me rayer de la liste
Des gogos qu' tu cherch's à trouver,
Car pour ne rien me réserver
Je suis trop réserviste.
Un mois sous un drapeau,
Etc.

AMANDA.

Oh ben! merci! si c'est comme ça que l'Etat nous les arrange.

(*Grand bruit et rires à droite.*)

ANATOLE, *remontant.*

Hein! qu'est-ce donc?

SCÈNE IV

LES MMÊES, GUIGNOL et GNAFRON, *entrant au milieu d'une foule.*

GUIGNOL.

Eh bien! c'est nous donc, nous venions assister aux grandes manœuvres, mais trop tard; on nous a dit que votre colonel s'apprête à fêter le vingt-huitième jour de votre arrivée au camp.

GNAFRON.

Oui, nous venons de la cantine. (*Montrant deux bouteilles.*) Pas mauvais le petit vin de la réserve.

ANATOLE.

Une fête pour demain.

GUIGNOL.

Oh! c'est visible, et tenez... voici vos camarades qui arrivent.

SCÈNE V

TOUS LES PERSONNAGES DU TABLEAU, CANTINIÈRES, FOULE.

(*Fanfares, marche militaire.*)

CHŒUR.

En avant, c'est au pas
Que, dans le siècle où nous sommes,
Il faut mettre les hommes
Et les femmes qui n'y sont pas.

ANATOLE.

Certainement à l'exercice
Y a d'la fatigue, et l'on n'peut pas
Seulement à s'croiser les bras
Se former au service.
Je ne dis pas que sur la terre,
Ailleurs on n'soit aussi bien;
Non, mais pour faire un homme, rien
N'vaut l'état militaire. (*bis.*)

(*Pendant ce couplet tous les soldats et toutes les cantinières se sont rangés en bataillon.*)

REPRISE.

En avant, c'est au pas,
Etc.

ANATOLE.

Quand j'suis parti, je le proclame,
Je ne pensais qu'à mes amours ;
J'aurais voulu passer mes jours
Aux genoux d'une femme.
Mais j'avais tort, et je l'atteste,
Pour ne pas vivre en fainéant
Je suis fier d'être au régiment ;
Et comm' j'y suis, j'y reste. (*bis.*)

REPRISE.

En avant, c'est au pas,
Etc.

CINQUIÈME TABLEAU

SCÈNE PREMIÈRE.

LA RENOMMÉE, GUIGNOL, GNAFRON.

LA RENOMMÉE.

Comment rien !... absolument rien !...

GUIGNOL.

Absolument! Nous avons été partout, nous avons tout vu, mais rien ne peut nous servir, l'année n'est pas assez...

GNAFRON.

Drôlichonne, dis le mot, ça manque de drôlichonnerie.

LA RENOMMÉE.

Dame, vous vous adressez à moi, et la Renommée n'a rien non plus de drôlichon. Cependant, si vous le voulez, je puis vous montrer les théâtres.

GUIGNOL.

Ah! oui, les théâtres.

GNAFRON.

C'est une idée.

LA RENOMMÉE.

Mais un mois ne suffirait pas pour vous faire connaître toutes les pièces de 1875, et je ne veux vous en montrer que les scènes capitales, et même... Tenez, voilà peut-être un moyen de vous éclairer, le hasard a voulu que deux pièces fussent jouées cette année, et que toutes deux subissent un sort différent. L'une s'est appelée *le Panache* et l'autre *le Pompon*.

GUIGNOL.

Tiens, *le Panache* et *le Pompon*.

GNAFRON.

Des pièces militaires ?

LA RENOMMÉE.

Non pas, ces titres ne signifient rien, mais ils peuvent nous servir à apprécier les ouvrages que nous allons passer en revue. A tous les succès, à toutes les pièces qui auront bien réussi, nous donnerons un panache, et à celles qui auront été moins heureuses...

GUIGNOL.

Un pompon.

LA RENOMMÉE.

C'est cela.

GNAFRON.

C'est parfait...

LA RENOMMÉE.

Voilà les panaches et voilà les pompons.

(Ici, deux caisses sortent du dessous ; on lit sur l'une « Panaches » et sur l'autre « Pompons ».)

GUIGNOL.

Comme cela, pas moyen de s'y tromper.

LA RENOMMÉE.

Vous les distribuerez vous-mêmes... Voyons, par où commencer ?

GUIGNOL.

Par le commencement, et le premier théâtre de Paris, c'est le Grand-Opéra.

SCÈNE II

Les Mêmes, LORD MAXWELL.

LORD MAXWELL, *qui vient d'entrer ; il est fort mal vêtu : costume de voyage plus que négligé, une petite valise à la main.*

Oh ! yes ! le Grand-Opéra, il était le premier théâtre des Parisiennes.

GNAFRON.

Tiens, un Anglais.

LORD MAXWELL.

Et je y allé montrer moà.

GUIGNOL.

Vous allez vous y montrer,

GNAFRON.

C'est gentil de votre part.

LORD MAXWELL.

Je venais de prendre un billet.(*Il le montre.*) Coupon du grand escalier, marche n° 17.

GUIGNOL.

Vous avez loué une marche d'escalier.

LORD MAXWELL.

Yes !... On disait le escalier de l'Opéra very splendide !... very magnifique !

LA RENOMMÉE.

C'est vrai !

GNAFRON.

Et les pièces nouvelles...

LA RENOMMÉE.

Oh ! l'Opéra n'en donne pas encore... il ne joue que son ancien répertoire.

LORD MAXWELL.

Ça ne fesait rien, le pioublic ne voulait voir que le escalier.

LA RENOMMÉE.

Un chef-d'œuvre d'une architecture, d'un luxe merveilleux.

LORD MAXWELL.

Oh ! yes ! yes !

GUIGNOL.

Mais alors, si l'escalier est aussi beau que ça, pour vous tenir sur la dix-septième marche vous allez faire un bout de toilette, je suppose.

LORD MAXWELL.

Moa, no, pourquoi ?

GUIGNOL.

Ah ! c'est que si l'on vous voit dans ce costume assis sur une marche de cet escalier merveilleux, on vous prendra pour un mendiant.

LORD MAXWELL.

AIR : *Vivre en bon chrétien.*

A Londres, jamais
Je n'oserais,
Je vous le jure,
A notre Opéra
Aller dans ce costume-là.
Jamais on n'y va
Qu'en grande toilette, en parure,
On n'est reçu là
Qu'en costume de grand gala.
Mais dans ce Paris,
Qu'on dit la ville sans égale,
Tout semble permis
Et partout on entre mal mis.
De la liberté
C'était la noble capitale
Et la liberté
Permet d'être mal cravaté.
Pourtant nous croyons
Etre libres en Angleterre ;
Mais tous nous savons,
Libres, ce que nous nous devons.
Personne de nous
Ne se croit libre de mal faire,
Nous faisons pour tous
Ce que nous désirons pour nous.
Aussi les Anglais,
Selon l'usage britannique,
En habit jamais
N'iront à l'Opéra français.
Tous vont se payer
Un costume épigrammatique

Pour humilier
Les marches du grand escalier.
A votre Opéra
Oui, j'en conviens, la foule est grande,
Oui, la vogue est là,
A l'architecte on doit cela.
C'est plein comme un œuf !
Mais à quoi bon, je le demande,
Mettre un habit neuf
Quand vous ne jouez rien de neuf ?

(*Reprise en dansant et sortie.*)

LA RENOMMÉE.

Eh bien! que vous en semble?

GNAFRON.

Le fait est que c'est par l'escalier que sa vogue a monté aussi haut... C'est un escalier de service!

GUIGNOL.

Il a raison, l'insulaire.

AIR : *Au mont Ida.*

Quoi, pas une pièce nouvelle !
Mais d'après ce qu'on a dit là,
Si j'avais ce qu'on appelle
A juger le Grand-Opéra,
Je voudrais, il faut qu'on le sache,
Donner en cette occasion
A l'escalier un panache,
A son répertoire un pompon.

GNAFRON.

Si nous passions au Théâtre-Français?

LA RENOMMÉE.

C'est inutile, il n'a joué cette année, en fait de grand ouvrage, que le Philosophe sans le savoir, une pièce de 1780.

GNAFRON.

Alors passons à l'Opéra-Comique.

LA RENOMMÉE.

Impossible, il n'a joué que le Val d'Andorre, un chef-d'œuvre de 1848!

GUIGNOL.

Mais l'Odéon, le second théâtre français.

LA RENOMMÉE.

Ah! pour l'Odéon, c'est différent, il est restauré et je vais vous montrer ce qu'il a offert de nouveau à son public.

(Ici le théâtre se couvre de personnages portant de grands tableaux et de superbes bustes, puis deux ou trois garçons couverts de plâtre et portant sur des planches et sur leurs têtes des petites figurines en plâtre.)

AIR :

Restaurons,
Décorons
Ce foyer modèle
De chefs-d'œuvre d'arts.
Il faut charmer tous les regards.
Il faut, en
Attendant
La pièce nouvelle,
Faire à l'Odéon
Une grande exposition.

(Pendant ce chœur on a placé dans le fond du théâtre les tableaux et les statues, de manière à singer comiquement le foyer de l'Odéon.)

GNAFRON.

Qu'est-ce que c'est que tout cela?

LA RENOMMÉE.

C'est, à défaut de pièce,
Un moyen tout nouveau
De nous montrer sans cesse
Quelque chose de beau.

GUIGNOL.

Le public dans sa stalle
S'il vient à s'ennuyer,
Peut en quittant la salle
Se distraire au foyer.

LA RENOMMÉE.

Qui vais-je vous montrer à présent?

GNAFRON.

Ne parle-t-on pas d'un célèbre comédien italien?...

LA RENOMMÉE.

Oui, oui, et le voici.

HAMLET, *il entre en scène, un livre à la main.*

« Qui si va parla italiano? un poco tamiento, je com-
» mençо. Yo sono Hameleto honnito, fantastico, om leto
» illuminato. Yo sono amoroso don na bella ragatse, bellis-
» sima bella comme Angelo. C'est etonnanto, j'ai la testa en
» compoto, Tou byor not Tou by. (*Allant à la Renommée.*)
» Angelo volio entrare al convento, hein nix pas compre-
» nir. Consul tiano questo libre. (*Il regarde son livre.*)
» Maniero di fairo ouna macaroni napolitano. (*Comme in-*
» *spiré.*) Tutti, tutti per l'Angelo, yo sono Macbeto, yo
» sono Kean, on desordoro et genito accoustate bibé lon
» ray, bibé lon ray, tutti, tutti (*il chante et danse*) bibé
» l'Italie, le macoronada, le fromago d'Italie, le chapeau de
» paille d'Italie. Adie, adie, Angelo. Oh! mio padre, mio
» padre. »

(*Il sort.*)

GNAFRON.

Les grands théâtres, ça n'est pas amusant. J'ai beaucoup entendu parler du théâtre des Folies-Dramatiques.

LA RENOMMÉE.

C'est l'heureux théâtre qui a joué le Pompon et la Fille Angot qui reparaît sur l'affiche après chaque succès panaché.

GUIGNOL ET GNAFRON.

Il a l' pompon,
Il a l' pompon,

C'est incontestable.
Ah! il a l' pompon,
C'est incontestable,
Il a l' pompon.

LA RENOMMÉE.

Mais il n'a pas eu que cela... Je vais vous montrer tout ce qu'il a joué cette année... Clair-de-Lune.

(*Ici paraît le personnage. — Jeu muet, il regarde tour à tour les acteurs en scène, et semble très-embarrassé.*)

GNAFRON *prend dans la caisse un énorme pompon et le lui présente.*

Vous ne l'avez pas volé.

(*Le personnage sort, il est immédiatement remplacé par la fille Angot qui entre gaillarde et chante.*)

Très-jolie,
Peu polie,
Possédant un gros magot;
Pas bégueule,
Forte en gueule,
Telle était madame Angot.

GUIGNOL ET GNAFRON.

Ah! charmant!

(*Guignol lui donne un panache et elle sort.*)

LA RENOMMÉE.

La Blanchisseuse de Berg-op-Zoom.

(*La blanchisseuse entre comme Clair-de-Lune, paraît non moins embarrassée; elle ne sait que faire de ses mains. Gnafron tire de la caisse un tout petit pompon et le lui donne. Elle sort et de nouveau se trouve remplacée par la fille Angot, qui chante* :)

Voilà comme cela se mène,
C'était pas la peine, (*bis.*)
Non pas la peine assurément
De changer le gouvernement.

GUIGNOL ET GNAFRON.

Oh ! parfait, délicieux !

(*Guignol lui donne un second panache. Elle sort.*)

LA RENOMMÉE.

Alice de Nevers.

(*Alice entre, manque de tomber, paraît confuse et dit :*)

ALICE DE NEVERS.

Du temps d'Henri IV, Louis XIV disait au chevalier Bayard que le scrutin de liste était proclamé dans le 30ᵉ arrondissement, ce qui fit dire à Marie Stuart...

GUIGNOL ET GNAFRON.

Oh ! oh ! oh !

(*Gnafron donne à Alice un énorme pompon avec lequel elle sort furieuse.*)

LA FILLE ANGOT *reparaît et chante* :

De la mère Angot
J' suis la fille. (*bis.*)

GUIGNOL.

Ah bien ! non, j'aime mieux vous le donner tout de suite

(*Il lui remet un panache, elle sort en saluant.*)

SCÈNE III

LES MÊMES, LA REINE INDIGO *valsant avec* RAMADOUR, JUNIO *valsant avec* FANTASIA.

LA REINE et RAMADOUR, *valsent en entrant.*

AIR *de la Reine Indigo.*

Oui, voilà la reine,
La reine Indigo,
Cette souveraine
Premier numéro,
Et la valse entraîne
Ce succès nouveau.

(*Ils sortent en valsant.*)

GUIGNOL.

C'est charmant.

GNAFRON.

Oui, mais c'est étourdissant !

GUIGNOL.

Et en fait de mélodrames ?

LA RENOMMÉE.

En fait de mélodrames, la Vénus de Gordes.

LA VÉNUS DE GORDES, *représentée par Laferrière. (Imitation.)*

Ah ! ah ! je suis... de la Vénus de Gordes. Les auteurs m'avaient dit : Tu as un rôle magnifique...Tu joues le chien de Terre-Neuve... Tu joues le chien de garde ! Sacré nom d'un chien... je ne me suis pas aperçu que je jouais l'idiot, le pauvre idiot ! Nous avions la Vénus de Médicis, la Vénus de Milo, aujourd'hui nous avons la Vénus de Gordes, la Vénus de l'Ambigu. Mauvaise affaire pour le théâtre ; aussi nous avons arrêté «*l'affaire hier*». Vous le voyez, je tourne à l'idiot, au pauvre idiot... Ah ! ah ! Il m'en souviendra la rira de la Vénus de Gordes. (*A Guignol.*) Pour aller à Charenton, monsieur. (*Il sort.*)

GUIGNOL.

Singulière pièce.

LA RENOMMÉE.

J'ai mieux à vous offrir ; on a ouvert cette année une jolie petite salle rue Taitbout. C'est par elle que nous allons commencer, attention. (*Ils vont s'asseoir.*)

SCÈNE IV

LES MÊMES, COLETTE.

COLETTE, *avec le costume exact du tableau de Greuze.*

Ça n'arrive qu'à moi ! En v'là un malheur ! (*Montrant sa cruche qu'elle cachait derrière son dos.*) Regardez-moi ça et tout sera dit.

GUIGNOL, *regardant.*

Oui, c'est un accident.

GNAFRON, *regardant.*

Elle n'est pas en bon état.

COLETTA.

AIR *de Vasseur.*

Ma cruche, hélas ! était d'argile,
Ça n'est pas dur comme du roc ;
Convenez-en, c'est trop fragile
Et ça se brise au moindre choc.
C'est un grand seigneur qu'en est cause,
Je ne sais comment ça s'est fait ;
Je ne puis pas nier l'effet,
Mais je puis regretter la chose.
J'en subis tous les résultats,
De partout je suis repoussée ;
En voyant ma cruche cassée,
Tout le monde rit aux éclats.
Il faut donc que je me trépasse,
Mon épouseux m'a dit tout net
Qu'il n'voulait pas payer la casse
Et que j' cherche un autre benêt.
J' lui dis : Pierre, un peu d' complaisance ;
Mais il me répond : Nanni, da,
Je raccommode la faïence
Mais j' sais pas raccommoder ça...

REPRISE.

Ma cruche, hélas ! était d'argile, etc.

GUIGNOL.

Elle est très-gentille. Mademoiselle... Mademoiselle !...

COLETTE.

Si vous avez des cruches à conserver... Colette, théâtre Taitbout... « Aux deux Célines » venez applaudir « mon talent » et ne dites pas que nous en « chaumons. » (*Sortie.*)

GUIGNOL.

Si nous passions maintenant aux théâtres de genre.

GNAFRON.

Ah ! oui, les Variétés, par exemple.

LA RENOMMÉE.

Les Variétés... voilà : Place aux jeunes !... La Guigne.

(*Une jeune dame couverte de guignes entre, se pose au milieu du théâtre et disparaît dans le dessous.*)

GNAFRON.

Eh bien ! où va-t-elle ? (*Prenant un grand pompon.*) Eh ! vous oubliez quelque chose.

(*Ici quatre machinistes entrent portant deux balcons qu'ils posent de chaque côté du théâtre.*)

GUIGNOL.

Tiens, deux balcons.

LA RENOMMÉE.

Le balcon du Scandale d'hier, une pièce du Vaudeville, et le balcon de Ferréol, la pièce du Gymnase.

GNAFRON.

Ah ! deux pièces à balcon.

LA RENOMMÉE.

Celui du Gymnase ne se voit pas, mais nous le montrons ici pour faire comprendre la situation.

GUIGNOL.

Est-ce qu'elle ne se comprend pas au Gymnase ?

PÉRISSOL, *entrant par la droite.*

Non, ça ne se comprend pas, ça n'est pas possible, on ne prend pas l'existence d'un homme comme ça ; comment, parce que j'ai été désigné pour être juré, on me fait un rôle qui ne tient pas en place... je ne fais qu'entrer et sortir, c'est fatigant, ça dérange mes habitudes, on ne comprend pas ça, on ne comprend pas ça. (*Il sort.*)

GNAFRON.

Eh bien! il s'en va?

LA RENOMMÉE.

Il va revenir.

ALFRED DE LA FRENOY, *sortant de gauche.*

Elle m'avait dit : Je n'aime personne, je n'aime pas mon chien, je n'aime pas mon chat, je n'aime pas mon serin, je ne vous aime pas, et moi je l'aimais parce qu'elle n'aimait rien ; mais un homme est sorti du balcon, c'est donc qu'elle aimait cet homme puisqu'il est sorti de son balcon. (*Bruit à droite.*)

LA VOIX DE D'AIGREMONT.

Si fait, j'entrerai, je veux entrer. (*Sautant par dessus le balcon de droite.*) M'y voilà.

ALFRED DE LA FRENOY.

Un homme qui saute d'un balcon ! (*Allant à lui.*) Qui êtes-vous ?

D'AIGREMONT.

Je suis le prisonnier du Gymnase, d'Aigremont, celui qu'on ne voit pas. Je viens me plaindre de mon rôle à la cantonnade ; on me maltraite, on fait des potins sur moi, on m'emprisonne, on me juge, on me condamne à vingt ans de travaux forcés.

PÉRISSOL, *qui vient de rentrer.*

Ce n'est pas moi ; comprenez, mon cher client, je ne suis pas un juré sérieux, je ne suis là que pour entrer et sortir.

ALFRED DE FRENOY.

Mais il est sorti par un balcon. Est-ce l'amant de Julie Letellier?

PÉRISSOL.

C'est Julie Letellier maintenant, tout à l'heure c'était Roberte Ferréol ; ça ne se comprend pas, ça ne se comprend pas. (*Il sort.*)

D'AIGREMONT.

Je veux qu'on me dise ce que j'ai fait, comment on m'a arrêté, je veux me défendre moi-même.

LORIOT, *en avocat sur le balcon de droite.*

Vous n'en avez pas le droit, c'est moi, Loriot, avocat célèbre dans la pièce, d'autant plus célèbre qu'on ne me voit pas non plus, car notre auteur ne montre jamais ses principaux personnages, témoin madame Benoiton. C'est un tic qu'il a, mais enfin je suis Loriot, ce Loriot si connu ; je suis avocat et voilà un balcon, c'est mon affaire, vous allez entendre Loriot.

GNAFRON.

Ah ! s'il voulait à ma place servir de compère, Loriot !

LORIOT.

Messieurs, cet infortuné jeune homme est innocent... celui-là...

ALFRED DE LA FRENOY.

Mais si il est innocent, elle est innocente.

LORIOT.

Qui ça ?

ALFRED DE LA FRENOY.

Celle que j'aime, Julie Letellier, celle du balcon de droite.

LORIOT.

Deux balcons, tant mieux... Oui, messieurs, Julie Letellier est innocente, ce n'est pas sous ce balcon que fut assassiné l'infortuné Dubouscal, c'est sous le balcon de Ferréol de Meyran.

ALFRED DE LA FRENOY.

Mais personne ne fut assassiné dans le scandale d'hier.

LORIOT.

Mais vous troublez ma plaidoirie !

PÉRISSOL, *entrant.*

Une plaidoirie... on plaide... vous plaidez en l'absence du jury pour me faire condamner à l'amende, aux galères, ça ne se comprend pas, ça ne se comprend pas. (*Il sort.*)

LORIOT.

Un crime a été commis, donc il y a une victime.

DUBOUSCAL, *se montrant au trou du souffleur*

Oui, la première et la seule victime c'est moi, Dubouscal, et comme victime je sais bien comment ça s'est passé, messieurs. Dans la pièce du Gymnase, on ne voit ni d'Aigremont, ni Loriot, ni Dubouscal; eh bien! la pièce était là, voilà l'histoire. (*Ici reparaît Périssol avec une planche qu'il brise sur la tête de Dubouscal qui disparaît.*)

PÉRISSOL.

Ah! nous n'entendrons plus parler.

GNAFRON.

Très-bien! la cause est entendue...

GUIGNOL.

Ah! oui... assez de balcons, cependant il faut être juste. (*Prenant deux panaches.*)

AIR : *Au Luth galant.*

Dans un moment où même la chanson
N'a plus ni rime ni raison,
Où l'on ne voit partout qu'opérettes stupides,
Qu'opéras ennuyeux
Et drames insipides,
Il faut récompenser les auteurs intrépides
Qui courageusement font de l'art sérieux. (*bis.*)

(*Il remet un panache à Périssol et un panache à Alfred de la Frenoy, qui sortent ainsi que tous les personnages de la scène.*)

SCÈNE V.

LES QUATRE PETITS GÉNIES BLEUS DU VOYAGE DANS LA LUNE.

GUIGNOL.

Est-ce que tout cela vous semble bien curieux, bien extraordinaire?

LA RENOMMÉE.

C'est de l'excentrique qu'il te faut... Voici l'Homme Protée, le grand succès de Londres,

SCÈNE DE SIR MORRIS.

(*Il change sept fois de costume sans quitter la scène.*)

LES GÉNIES, *entrant en sautant.*

AIR : *Bonjour, mon ami Vincent.*

Partout il faut faire voir
Cette mise peu commune,
Même il faut faire savoir
Qu'elle fait notre fortune.

Au public.

Messieurs, par tous les temps les plus froids,
Sous ces costumes iroquois
Nous allons au clair de la lune
Par la neige et par le verglas.

PREMIER GÉNIE.

Ainsi nous avons,

DEUXIÈME GÉNIE.

Nous avons, hélas!

TROISIÈME GÉNIE.

Très-chaud par en haut,

QUATRIÈME GÉNIE.

Très-froid par en bas.

LES AUTRES.

Oui, chacun de vous doit avoir, hélas !
Très-chaud par en haut, très-froid par en bas.

REPRISE ENSEMBLE.

Ainsi nous avons,
Etc...

GNAFRON.

Ce sont les hirondelles de la lune, quelle drôle de mode ! quelle drôle de mode !

GUIGNOL.

C'est excessivement joli, mais sortir ainsi par un temps de neige.

LA RENOMMÉE.

Cela ne pouvait se voir que dans la lune.

QUATRIÈME GÉNIE.

Oh ! mais ce n'est pas la seule chose qui se voie dans la lune.

TOUS.

Quoi donc?

QUATRIÈME GÉNIE.

Des charlatans !

(*Ici grande musique de l'entrée des charlatans. On voit un char traîné par une autruche et amenant en scène V'lan et Caprice en charlatans.*)

SCÈNE VI

TOUS LES PERSONNAGES DE L'ACTE.

CHŒUR.

Ohé ! ohé ! petits et grands,
Voilà ! voilà les charlatans !

CAPRICE.

Air : *du Voyage dans la Lune*

Faisons du bruit, qu'on étourdisse
Et la ville et ses alentours.
Pour que l'ouvrage retentisse,
Sonnez, clairons, roulez, tambours !
Dans la lune où nous voulons être
Si des charlatans sont placés,
C'est que sur la terre peut être
On n'en rencontrait pas assez.
D'ailleurs, courir à la fortune
Est le seul but qui nous séduit ;
Et sur la terre et dans la lune,
Faisons du bruit, faisons du bruit.
Ohé ! ohé ! petits et grands,
Voilà les charlatans.

CHŒUR

Ohé ! ohé ! etc...

VAUDEVILLE FINAL.

Air *connu*.

TOUS.

Ohé ! ohé ! petits et grands,
Voilà, voilà les charlatans.

CAPRICE.

I.

Pour nous laisser le temps de bien dîner,
Nos matinées sont d'venues théâtrales ;
Mais on n'a plus le temps de déjeuner,
Faudra qu'on mette des traiteurs dans les salles.

PREMIER GÉNIE.

II.

L'exposition maritime attirait,
Mais, j'en conviens, lorsque j'y suis allée,
C' n'est qu'en ach'tant ce que l'on y vendait
Que j'ai trouvé l'exposition salée.

III.

Au bon marché ma femme prend ses r'pas
Et ne se plaint jamais d'la nourriture,
Non, mais c'est moi qui n' la digère pas
Quand j' vois qu' les r'pas font enfler la facture.

FILLE ANGOT.

IV.

Y en a qui vot' pour les arrondiss'ments,
Mais la cocotte est une réaliste
Qui, pour inscrir' ses nombreux soupirants,
Sera toujours pour le scrutin de liste.

V.

Sur tout's les boites d'allumett's à Paris,
Pour qu'on sach' bien qu' la régi' les a faites,
On met un timbre, et ce timbre il a pris;
Ce qui ne prend pas, ce sont les allumettes.

LA RENOMMÉE.

VI.

De Jeanne d'Arc la ceinture aujourd'hui
De nos cocott's fait valoir la tournure,
Et pour aller n'importe où, c'est à qui
Prendra maint'nant le chemin de ceinture.

VII.

J'dis à Clara: De grâce au *Figaro*
Un mot, un seul, dans la feuille d'annonce!
L' dimanche suivant j'ouvre le numéro:
N'y avait qu'un mot, le mot: Zut! pour réponse.

LE CHARLATAN.

VIII.

Dans l'intérêt des cochers on a fait
Aux Tuileries une coupe assez bonne,
C'était l' cocher jadis qui marronnait,
C'est l'marronnier maintenant qui marronne.

GNAFRON.

IX.

Au Château-d'Eau Pif! Paf! a fait Pif! Pouf!
Ces accidents arrivent dans le monde ;
La pièce était pourtant pleine d'esprit,
Mais le public n'a jamais su comprendre.

GUIGNOL.

X.

D' mon emprunt turc l'argent qu'on doit m' payer
Je l'encaiss'rai, sur ça pas de chicane ;
Quant aux papiers, je vais les renvoyer
Au cabinet de la porte Ottomane.

CAPRICE.

XI.

Cette revue est sans prétention,
Et les auteurs ne sont pas des bravaches.
Ils recevront humblement des pompons ;
Vous avez l' droit d'y joindre des panaches.

5—4126 Paris. — Imp. Morris père et fils, rue Amelot, 64

172

www.ingramcontent.com/pod-product-compliance
Ingram Content Group UK Ltd.
Pitfield, Milton Keynes, MK11 3LW, UK
UKHW020939180726
13838UKWH00003B/1034